Training International
Herausgegeben von Jochem Kießling-Sonntag

Holger Stein

Interview-
techniken

deutsch – englisch

Der Herausgeber
Dr. Jochem Kießling-Sonntag (jks@trainsform.de) ist Managementtrainer, Organisationsentwickler und Gründer der Management-Beratung trainsform. Er begleitet Unternehmen bei Veränderungsprozessen, betreut umfassende Trainingsprojekte, leitet Führungs- und Teamtrainings und bildet Trainer aus.

The Editor
Dr. Jochem Kießling-Sonntag (jks@trainsform.de) is the founder of the management consultancy trainsform and also an experienced management trainer and organisation developer. He advises companies in change processes, is responsible for comprehensive training projects, conducts management and team trainings and also trains trainers.

Die Texte auf den Seiten 20/21, 48/49 und 138/139 wurden verfasst von Dipl.-Psych. Ellen Gardziella, Personalentwicklerin bei der RWE AG, und Dipl.-Psych. Kordula Schulte, Personalentwicklerin bei der RWE Westfalen-Weser-Ems AG.

Verlagsredaktion: Christine Schlagmann
Übersetzung: A&W Sprachendienst GmbH, Witten
Technische Umsetzung: Christian Jackmuth, Dormagen
Umschlaggestaltung: Gabriele Matzenauer, Berlin
Titelfoto: getty images

Informationen über Cornelsen Fachbücher und Zusatzangebote:
www.cornelsen.de/berufskompetenz

1. Auflage

© 2007 Cornelsen Verlag Scriptor GmbH & Co. KG, Berlin

Das Werk und seine Teile sind urheberrechtlich geschützt.
Jede Nutzung in anderen als den gesetzlich zugelassenen Fällen bedarf der vorherigen schriftlichen Einwilligung des Verlages.
Hinweis zu § 52 a UrhG: Weder das Werk noch seine Teile dürfen ohne eine solche Einwilligung eingescannt und in ein Netzwerk eingestellt werden. Dies gilt auch für Intranets von Schulen und sonstigen Bildungseinrichtungen.

Druck: CS-Druck CornelsenStürtz, Berlin

ISBN 978-3-589-23914-6

Inhalt gedruckt auf säurefreiem Papier aus nachhaltiger Forstwirtschaft.

Inhaltsverzeichnis/Contents

Einleitung	6		**Introduction**	7

1 Begriffsbestimmung: Was ist ein Interview? 8

2 Führung und Kommunikation .. 10

2.1 Kommunikation als Führungsaufgabe – Kommunikation in der Führung 10
2.2 Kommunikationsanlässe oder die Führungskraft als Interviewer 14

3 Grundlagen der Interviewtechnik .. 18

3.1 Interviewvorbereitung . 18
✏ Vorbereitung auf Interviews mit Angehörigen einer fremden Kultur – Beispiel China .. 20
3.2 Interviewdurchführung 26
3.2.1 Kurz vor dem Interview 26
3.2.2 Während des Interviews ... 28
3.2.3 Psychologische Aspekte ... 32

4 Fragetechniken für Gespräche mit Mitarbeitern und Bewerbern 40

4.1 Was hat es mit Fragen auf sich? 40
4.1.1 Wie frage ich richtig oder Fehler beim Fragen 42
4.1.2 Fragekompetenz 46
✏ Fragekompetenz bei Interviews mit Angehörigen einer fremden Kultur – Beispiel Frankreich 48
4.2 Fragekategorien und -typen in der Fragetechnik 50
4.2.1 Direkte und indirekte Fragen 50

1 Definition: What is an Interview? 9

2 Management and Communication ... 11

2.1 Communication as a Management Task – Communication in Management 11
2.2 Occasions for Communication, or the Manager as Interviewer 15

3 Fundamentals of Interviewing 19

3.1 Interview Preparation .. 19
✏ Preparations for Interviews with Persons from a Foreign Culture – Example: China 21
3.2 Conducting Interviews . 27
3.2.1 Shortly Before the Interview 27
3.2.2 During the Interview 29
3.2.3 Psychological Aspects 33

4 Questioning Techniques for Discussions with Employees and Job Applicants 41

4.1 What is the Secret to Questioning? 41
4.1.1 How Can I Question Correctly, or Mistakes in Questioning 43
4.1.2 Competence in Questioning 47
✏ Competence in Asking Questions in Interviews with Persons from a Foreign Culture – Example: France 49
4.2 Question Categories and Question Types in Questioning Technique . 51

Inhaltsverzeichnis/Contents

4.2.2	Offene und geschlossene Fragen	52
4.2.3	Explorative Fragen	58
4.2.4	Steuernde Fragen	70
4.2.5	Manipulative Fragen	72

5 Interviews als Bewerbungs- und Vorstellungsgespräche 78

5.1	Zielsetzung	78
5.2	Interviewvorbereitung	82
5.3	Gesprächsablauf	84
5.4	Gesprächsführung und Gesprächssteuerung im Bewerbungsgespräch	90
5.4.1	Gesprächssteuerung und Gesprächstechniken für das Bewerbungsgespräch	90
5.4.2	Fragetechnik und Fragetypen für das Bewerbungsgespräch	92
5.4.3	Themenbereiche und Beispielfragen im Bewerbungsgespräch	98
5.4.4	Unzulässige Fragen im Vorstellungsgespräch	102

6 Telefoninterviews zur Bewerberauswahl 106

7 Das Interview als Element in Personalgesprächen 116

7.1	Grundlegende Regeln für Personalgespräche	116
7.2	Gesprächssteuerung	122
7.3	Formen von Personalgesprächen	124
7.3.1	Zielvereinbarungsgespräch	126
7.3.2	Entwicklungs- und Laufbahngespräch	130
	📝 Hierarchie und Kollegialität in Personalinterviews – Beispiel Slowakei	138

4.2.1	Direct and Indirect Questions	51
4.2.2	Open and Closed Questions	53
4.2.3	Explorative Questions	59
4.2.4	Directive Questions	71
4.2.5	Manipulative Questions	73

5 Job Interviews 79

5.1	Objectives	79
5.2	Interview Preparation	83
5.3	Course of the Discussion	85
5.4	Guiding and Directing the Discussion in a Job Interview	91
5.4.1	Discussion Direction and Techniques for Job Interviews	91
5.4.2	Questioning Techniques and Question Types for the Job Interview	93
5.4.3	Subject Areas and Sample Questions for Job Interviews	99
5.4.4	Off-Limits Questions in a Job Interview	103

6 Telephone Interviews for Selecting Job Applicants 107

7 The Interview as an Element in Personnel Discussions 117

7.1	Basic Rules for Personnel Discussions	117
7.2	Directing the Discussion	123
7.3	Personnel Discussion Forms	125
7.3.1	Target Agreement Discussion	127
7.3.2	Career Development Discussion	131
	📝 Hierarchy and Collegiality in Personnel Interviews – Example: Slovakia	139

Inhaltsverzeichnis/Contents

8	**Einsatz von Interviews in Change-Prozessen** **142**		**8**	**Using Interviews in Change Processes** **143**
8.1	Begriffsbestimmungen 144		8.1	Terminology 145
8.2	Interviews und Gespräche im Rahmen des Change-Managements 146		8.2	Interviews and Discussions within the Context of Change Management 147
8.3	Appreciative Inquiry 154		8.3	Appreciative Inquiry 155
8.3.1	Philosophie und Grundannahmen der Appreciative Inquiry 154		8.3.1	Philosophy and Fundamental Assumptions of the Appreciative Inquiry 155
8.3.2	Ablauf des AI-Prozesses 158		8.3.2	Sequence of the "AI" Process 159
8.3.3	Anwendungsmöglichkeiten und Bewertung..... 162		8.3.3	Application Possibilities and Assessment 163
8.4	**Qualitative Interviews** .. **166**		8.4	**Qualitative Interviews** .. **167**
8.4.1	Grundprinzipien und Methodik 166		8.4.1	Basic Principles and Methodology 167
8.4.2	Ablauf 172		8.4.2	Course of the Interview.... 173
8.4.3	Anwendung und Bewertung 174		8.4.3	Application and Assessment 175

Stichwortverzeichnis ... **180**   **Index** **181**

Literaturverzeichnis .... **182**   **Bibliography** **182**

Der Autor .... **183**   **The Author** **183**

Einleitung

Warum dieses Buch?
Auch wenn viele Menschen beim Begriff Interview zuerst an den Journalismus oder ganz konkret an Fernsehinterviews denken, so ist der Journalismus doch bei weitem nicht der einzige Bereich, in dem Interviews eine große Rolle spielen. Das Interview ist in vielen wissenschaftlichen Disziplinen und praktischen Anwendungsfeldern eine bevorzugte Methode der Datenerhebung, beispielsweise in der Marktforschung und in der Psychologie.

In diesem Buch geht es aber weder um journalistische Interviewführung noch um das Interview als sozialwissenschaftliche Methode der Datenerhebung, sondern im Speziellen um Interviews in Betrieben. Auch in Unternehmen stehen Manager und Führungskräfte vor der Situation, Interviews führen zu müssen – beispielsweise Bewerbungsgespräche oder Mitarbeitergespräche. Anders als Personalexperten oder externe HR-Berater verfügen Fach- und Linienvorgesetzte aber auf den Gebieten der Gesprächs- und Interviewführung und der Fragetechnik oft weder über eine systematische Aus- und Weiterbildung noch über umfangreiche Erfahrung.

Dementsprechend richtet sich dieses Buch an Mitarbeiter und Führungskräfte, die in Interviews und durch Fragen geführten Gesprächen im Betrieb miteinander kommunizieren. Diesen Führungskräften soll dieses Buch die wichtigsten Grundlagen der Interviewführung und Fragetechnik vermitteln und das erforderliche Wissen an die Hand geben, um als kompetenter Gesprächspartner auftreten zu können und die Gesprächsziele zu erreichen.

Das Buch gliedert sich in acht Kapitel, von denen jedes für sich gelesen werden kann, die aber auch genauso gut der Reihe nach durchgearbeitet werden können. Sicherlich wird es Ihnen aber oft so gehen, dass Sie beispielsweise in den Praxiskapiteln einiges erfahren, zu dem Sie in den Theoriekapiteln (noch einmal) Informationen nachlesen möchten, um diese jetzt gezielt auf das jeweilige Praxisfeld übertragen zu können.

> *„Ein Interview ist mehr als nur das Stellen vorbereiteter Fragen. Gute Interviews zu führen ist eine Kunst, die erlernt werden kann." (Marcus Knill)*

Introduction

Why this Book?

Although for many people the word "interview" brings to mind the field of journalism or perhaps television interviews, journalism is by no means the only field in which interviews play a large role. In many scientific disciplines and fields of practical application, the interview is a popular method for collecting data – in market research and psychology, for instance.

But this book is not concerned with conducting interviews for journalistic purposes or the interview as a method used in social sciences for the collection of data; instead, it is focused specifically on the corporate interview. Managers and executive personnel are faced with the necessity of conducting interviews – i.e. job interviews or discussions with staff. In contrast to personnel experts or external HR consultants, however, department and line managers often lack systematic primary and advanced training as well as extensive experience in the areas of conducting conversations and interviews.

Therefore, this book is directed at employees and management personnel who communicate with one another within their companies by means of interviews and question-led discussions. This book is intended to convey the most important fundamentals of interview practice and questioning techniques to these management personnel, and to provide them with the knowledge required to present themselves as competent discussion partners capable of reaching their discussion objectives.

The book is divided into eight chapters which can be read individually for themselves, but which also flow progressively into one another and can be digested in successive order. You are certain to frequently encounter situations where, e.g., you will find issues discussed in the practical application chapters about which you will want to (re-)read accompanying information in the theory chapters so as to specifically apply them to the area of practice in question.

> *"An interview is more than just asking prepared questions. Conducting good interviews is an art that can be learned." (Marcus Knill)*

1 Begriffsbestimmung: Was ist ein Interview?

Wenn der Begriff Interview fällt, hat jeder eine ungefähre Vorstellung davon, was gemeint ist: Es handelt sich um eine Situation, in der eine Person eine andere befragt und ihr dabei – diese Assoziation werden wohl die meisten erst einmal haben – ein Mikrofon unter die Nase hält. Diese Definition ist zwar unzulässig vereinfachend und nicht ganz ernst gemeint, sie bringt aber zum Ausdruck, was landläufig unter dem Begriff Interview verstanden wird.

Wie genau unterscheidet sich ein Interview aber von anderen Kommunikationsformen? Um uns dem Begriff systematischer zu nähern, schauen wir uns folgende Definition an:

Definition

„Interview [,-vju:; englisch, von französisch entrevue ›verabredete Zusammenkunft‹] das, Befragung von Personen durch einen Interviewer zu bestimmten Themen oder Angelegenheiten und/oder zur eigenen Person. (...)"

(Quelle: http://lexikon.meyers.de/meyers/Interview)

Von dieser Definition ausgehend lässt sich das Interview wie folgt charakterisieren:
- Ein Interview ist ein Dialog, an dem mindestens zwei Partner aktiv beteiligt sind.
- Von anderen Formen des Dialogs, bei denen die Gesprächspartner gegenseitig und gleichwertig Informationen austauschen, unterscheidet sich das Interview dahin gehend, dass hier einer der beiden Gesprächspartner im Mittelpunkt steht, nämlich der Interviewte: Von ihm möchte der Interviewer etwas erfahren. Die Gesprächssteuerung geht beim Interview folgerichtig vom Interviewer aus, der durch seine Fragen die Inhalte vorgibt.

Interviews sind keineswegs nur im Journalismus verbreitet. Auch als sozialwissenschaftliche Datenerhebungsmethode spielen sie eine tragende Rolle. Ein weiterer zentraler Bereich, in dem Interviews und interviewartige Gesprächsbestandteile zum Einsatz kommen, sind Personal- und Vorstellungsgespräche. In diesem Kontext sind sie ein gängiges und unerlässliches Kommunikationswerkzeug von Führungskräften – und um diese Art von Interviews soll es in diesem Buch gehen: Was sollte eine Führungskraft in ihrer Rolle als Interviewer/-in beachten? Welche Interviewtechniken gibt

1 Definition: What is an Interview?

Everyone has a rough idea of what is meant by the term "interview": It is usually a situation in which one person questions another and, an association commonly held by many people, holds a microphone in the other person's face. While this definition is indeed overly simplified and not even meant in all earnestness, it nevertheless sums up what most people understand when they hear the term "interview".

But what exactly distinguishes an interview from other forms of communication?

> **Definition**
>
> "Interview [ˌ-vjuː; English, from the French entrevue ›agreed meeting‹], questioning of persons by an interviewer on specified subjects or matters and/or on one's own person. (…)"
>
> (Source: http://lexikon.meyers.de/meyers/Interview)

To approach the term more systematically, let us look at the following definition:
- An interview is a dialogue in which at least two partners are actively involved.
- The interview distinguishes itself from other forms of dialogue in which discussion partners inform one another on an equal footing in that an interview is characterised by one of the discussion partners being the focus, namely the person being interviewed: The interviewer wants to find out something from this person. Consequently, the discussion in an interview is led by the interviewer, whose questions determine the content of the discussion.

It is not only in journalism that interviews are widespread. They also play a major role as a socio-scientific method of collecting data. Another key area in which interviews and similar discussion components are common is in discussions with staff and in job interviews. In this context, they represent a commonly used and indispensable communication tool for management personnel – and this is the type of interview this book deals with: What should managers pay attention to in their role as interviewer? What kinds of interview techniques are there? What effect is achieved with which type of

es? Mit welchen Fragearten erzielt man welchen Effekt? Wie setzt man Interviews bei unterschiedlichen Gesprächsanlässen ein? All das erfahren Sie in den Kapiteln 2 bis 8.

2 Führung und Kommunikation

2.1 Kommunikation als Führungsaufgabe – Kommunikation in der Führung

Neben ihrem Tagesgeschäft müssen sich Führungskräfte um vieles kümmern, das in Zusammenhang mit ihrem Status als Vorgesetzte steht. Zentrale Führungsaufgaben sind:
- Planen, Disponieren, Koordinieren und Organisieren
- Auftragerteilung, Delegation
- Personalmanagement
- Kontrolle der Arbeit und deren Anerkennung und Korrektur
- Mitarbeitermotivation
- Coaching, Beratung der Mitarbeiter, Zielvereinbarungen

Auch wenn sich die Aufzählung noch erweitern ließe, so wird doch das Wesentliche klar: Zur Erfüllung jeder der genannten Führungsaufgaben muss der Vorgesetzte kommunizieren und informieren. Er muss Planungsergebnisse mitteilen, die Delegation von Aufgaben erläutern, Zielvereinbarungs- und Feedbackgespräche führen.

Tatsächlich verwenden Führungskräfte 50 bis 90 Prozent ihrer Zeit für verbale Kommunikation (Wahren, 2002)!

In allen diesen Gesprächen mit Mitarbeitern gibt es Phasen, in denen die Führungskraft den Mitarbeiter auf bestimmte Aspekte hin befragt, in denen also Interviewtechniken eine große Rolle spielen.

Es existiert eine Reihe unterschiedlicher Führungsinstrumente, die auf Kommunikationsprozesse zurückgreifen (z.B. Mitarbeitergespräche, Gruppenarbeit, Qualitätszirkel, Motivationsevents, Workshops). Natürlich kann nicht über so viele verschiedene Instrumente hinweg eine allgemein gültige Handlungsanweisung gegeben werden, wie kommuniziert werden sollte. Dennoch gibt es einige Grundregeln der Kommunikation, die für die Gesprächsführung und damit auch für das Führen von Interviews grundlegend sind:
- Kommunizieren Sie nach Möglichkeit wahrheitsgemäß, offen, transparent und frühzeitig/rechtzeitig.
- Formulieren Sie verständlich: einfach, gegliedert, prägnant und stimulierend.

> *Definition: What is an Interview?*

question? How does one use interviews in different discussion situations? You will find out about all of this in Chapters 2 to 8.

2 Management and Communication

2.1 Communication as a Management Task – Communication in Management

Along with their daily business, management personnel must deal with many other things related to their status as supervisors. Key management tasks consist of:
- Planning, scheduling, coordinating and organising
- Commissioning orders, delegating
- Personnel management
- Controlling the work, acknowledging and correcting it
- Motivating employees
- Coaching, advising employees, agreeing on objectives

Even though this list could go on, the essential point is clear: In order to fulfil the above-mentioned management tasks, the supervisor must communicate and inform, announce planning results, delegate tasks and conduct feedback discussions as well as target agreement discussions.

> *In actual fact, management personnel spend 50 to 90 percent of their time on verbal communication (cf. Wahren, 2002)!*

All of these discussions with employees involve phases in which the manager asks questions of the employee on specific aspects, or in other words, in which interview techniques play a large role.

There are different management instruments that rely on communication processes (e.g. employee discussions, group work, quality circles, motivation events, workshops). Of course, there is no one generally applicable method of how one should communicate in so many different situations, but there are nonetheless a few basic rules of communication that are fundamental for conducting a discussion and as such, are also fundamental for conducting interviews:
- Wherever possible, communicate truthfully, openly, transparently and early/timely.

- Wie Sie etwas sagen, ist ebenso wichtig wie das, was Sie sagen.
- Bleiben Sie auch bei schwierigen Themen ruhig und sachlich. Vermeiden Sie heftige emotionale Reaktionen genauso wie persönliche Angriffe.
- Bemühen Sie sich sowohl als Sender als auch als Empfänger einer Botschaft um eine hohe Partnerorientierung, um Missverständnisse zu vermeiden.
- Berücksichtigen Sie die Erwartungen Ihrer Mitarbeiter.
- Sorgen Sie dafür, dass Gespräche von gegenseitigem Vertrauen und Respekt geprägt sind.
- Kennzeichnen Sie Fakten als Fakten und Bewertungen als Bewertungen.
- Bleiben Sie während des gesamten Gesprächs aufmerksam und konzentriert beim Thema und bei Ihrem Gesprächspartner und bemühen Sie sich um ein ehrliches Interesse.
- Ganz wichtig gerade für die Führungskraft: Bleiben Sie authentisch. Worte und Taten – auch vor oder nach dem Gespräch – sollten übereinstimmen.

Die folgende Übersicht macht deutlich, dass sich durch gute, durchdachte Kommunikation einige Probleme vermeiden und positive Effekte erzielen lassen:

Effekte gelungener Kommunikation	Effekte mangelhafter Kommunikation
+ Relevante Informationen sind auf beiden Seiten besser verfügbar.	− Unwissenheit und Missverständnisse führen zu mehr Fehlern.
+ Mitdenken, proaktives Handeln und Verantwortungsübernahme werden möglich.	− Mitdenken, Kreativität und Initiative werden verhindert.
+ Führungskraft und Mitarbeiter können ihre Arbeit schneller und effizienter ausführen.	− Die Mitarbeiter fühlen sich ausgeschlossen, unwissend und unwichtig.
+ Die Arbeitsmotivation und -zufriedenheit steigt.	− Es kommt zu Demotivation und geringer Arbeitszufriedenheit.
+ Die Betroffenen können sich besser mit der Organisation / dem Team identifizieren.	− Identifikation wird verhindert.
+ Das Betriebsklima verbessert sich.	− Absentismus und Fluktuation nehmen zu.

- Come up with understandable phrases: simple, structured, concise and stimulating.
- How you say something is just as important as what you say.
- Remain calm and objective, even with difficult subjects. Avoid both strong emotional reactions and personal attacks.
- In order to avoid misunderstandings, keep a partnership-like attitude, both in your role as the mouthpiece for a message and in the role of the recipient.
- Take the expectations of your staff into consideration.
- Ensure that discussions are characterised by mutual trust and respect.
- Designate facts as facts and assessments as assessments.
- During the entire course of the discussion, remain attentive and concentrated on the subject and on your discussion partner, and try to have genuine interest.
- Very important, especially for managers: Be authentic. Words and deeds – both before and after the discussion – should concur with one another.

The following overview makes it clear that some problems can be avoided and positive effects can be achieved with good, well-planned communication.

Effects of successful communication	Effects of inadequate communication
+ Relevant information is more readily available to both sides.	− Uncertainty and misunderstandings lead to more mistakes.
+ Thinking along the same lines, proactive action and the assumption of responsibility become possible.	− Cooperative thinking, creativity and initiative are hindered.
+ Managers and their staff can complete their work faster and more efficiently.	− Staff may feel left out, uninformed and unimportant.
+ Work motivation and satisfaction will increase.	− Deficient motivation and less work satisfaction will result.
+ The persons involved can better identify with the organisation / the team.	− Identification is hindered.
+ The work environment will improve.	− Absenteeism and fluctuation will increase.

2.2 Kommunikationsanlässe oder die Führungskraft als Interviewer

Zwischen Vorgesetztem und Mitarbeiter gibt es viele institutionalisierte und nicht-institutionalisierte Gesprächsanlässe. Obwohl diverse Gesprächsarten unterschieden werden können, gibt es Grundregeln bezüglich des Gesprächsverlaufs und der wichtigsten Kommunikationstechniken, an denen Sie sich orientieren können.

In Anlehnung an Saul (1999) lassen sich prinzipiell große und kleine Mitarbeitergespräche unterscheiden.

	Kleine Mitarbeitergespräche	**Große Mitarbeitergespräche**
Anwendung	Allgemeine Führungssituationen im betrieblichen Alltag, Routineangelegenheiten	Besondere Führungssituationen
Beispiele	• Mitteilung von Kontrollergebnissen • Steuern des Betriebsablaufes • Kontakt-, Beziehungspflege • Anweisungen/Befehle aussprechen	• Probleme lösen • Mitarbeiter einweisen • Personalbeurteilungen besprechen • Projekte besprechen • Ziele vereinbaren • Aufgaben delegieren • Team-Meetings abhalten
Merkmale	• Spontan geführt, kaum Vorbereitung • Meist am Arbeitsplatz des Mitarbeiters • Kurze Dauer, nicht terminiert • Nicht formalisiert • Absolute Vertraulichkeit nicht immer möglich	• Nicht spontan, Vorbereitung nötig • Meist im Büro der Führungskraft bzw. in einem Besprechungszimmer • Längere Dauer, terminiert • Formalisiert, Dokumentation • Spezielle Anlässe oder Turnus • Unter vier Augen, vertraulich

Vor allem bei großen Mitarbeitergesprächen ist es sinnvoll, einen Fahrplan einzuhalten. Das folgende Grundmodell bietet eine solche Gesprächsstruktur an. Da kleine Mitarbeitergespräche sehr oft spontan und zum Teil auch unter Zeitdruck geführt werden, ist es bei diesem Gesprächstyp oft weder möglich noch sinnvoll, sich an ein Ablaufschema mit „komplexer Dramaturgie" zu halten.

2.2 Occasions for Communication, or the Manager as Interviewer

There are many institutionalised and non-institutionalised occasions for discussion between managers and their staff. Although one can distinguish between various ways of speaking, there are basic rules regarding the course of discussion and the most important communication techniques which may be useful for your orientation.

According to Saul (1999) one can distinguish between small and large employee discussions.

	Small employee discussions	**Large employee discussions**
Application	General management situations in the day-to-day business, routine matters	Special management situations
Examples	<ul><li>Notification of controller results</li><li>Directing the course of business</li><li>Maintaining contact and developing relationships</li><li>Giving instructions/orders</li></ul>	<ul><li>Solving problems</li><li>Initiating (new) employees</li><li>Discussing staff appraisals</li><li>Discussing projects</li><li>Agreeing objectives</li><li>Delegating tasks</li><li>Holding team meetings</li></ul>
Characteristics	<ul><li>Spontaneous with virtually no preparation</li><li>Generally conducted at the employee's workplace</li><li>Brief duration, no appointment</li><li>Not formalised</li><li>Absolute confidentiality not always possible</li></ul>	<ul><li>Not spontaneous, preparation required</li><li>Generally in the manager's office or in a conference room</li><li>Longer duration, appointment</li><li>Formalised, documentation</li><li>Special occasions or regular intervals</li><li>Face to face, confidential</li></ul>

It makes sense, particularly in large employee discussions, to keep to a schedule. The following basic model provides such a discussion structure. Since smaller employee discussions often happen spontaneously and frequently enough under time pressure, it is seldom possible or sensible in this type of discussion to stick to a fixed schedule or "script" with a "complex action plan".

Die Phasen des Grundmodells für Mitarbeitergespräche

Eröffnung und Kontaktaufnahme

In der Phase der Kontaktaufnahme begrüßen sich die Gesprächspartner. Je nach Gesprächsanlass und Gesprächspartner kann es für den Gesprächsführenden wichtig sein, das „Eis zu brechen".

Bei unbekannten Gesprächspartnern sollte diese Phase etwas länger ausfallen. Einerseits kann sich der Gesprächspartner dann besser an die Situation gewöhnen und seine etwaige Befangenheit ablegen, andererseits erfüllt diese Phase aber auch einen wichtigen Zweck im Ablauf des Kommunikationsprozesses: Beide Gesprächspartner bekommen durch dieses kurze Vorgespräch einen Eindruck voneinander. Dadurch können eine gemeinsame Gesprächsebene gefunden und Missverständnisse vermieden werden. Small Talk oder allgemein gehaltene und somit einfache Fragen zum Thema können in dieser Phase eingesetzt werden.

Aber Achtung: Die Phase der Kontaktaufnahme sollte nicht zu lange dauern! Niemand möchte lange auf die Folter gespannt werden – vor allem dann nicht, wenn er ein unangenehmes Gespräch befürchtet.

Positiver Einstieg

In der zweiten Phase geht es darum, einen positiven Einstieg in das eigentliche Gesprächsthema zu finden. Ein Rückblick auf ein vorhergehendes erfolgreiches gemeinsames Gespräch, positive Veränderungen oder erste Erfolge und gute Leistungen des Gesprächspartners sind dazu Anknüpfungspunkte. Ein positiver Einstieg schafft Motivation, Aufmerksamkeit und Kooperationsbereitschaft.

Informationsaustausch

In der Informationsaustauschphase sollen alle verfügbaren und relevanten Informationen gesammelt werden. Bewertungen sollten unterlassen werden.

Diese Phase hilft dabei, einen vollständigen Überblick zu erhalten, sachlich zu diskutieren und Missverständnisse oder Wissenslücken frühzeitig aufzudecken. Wichtig ist, dass alle Gesprächspartner Gelegenheit haben, ihre Sicht der Dinge zu schildern. Der Gesprächsführende sollte in dieser Phase mit offenen Fragen arbeiten, um alle wichtigen Informationen zu erhalten (vgl. Kap. 4.2.2).

Planung

Als Nächstes erfolgt in der Planungsphase eine differenzierte Bewertung, an der im Regelfall der Vorgesetzte den größeren Anteil hat. Dennoch sollte auch der betroffene Mitarbeiter offen und unvoreingenommen angehört werden. Danach kann gemeinsam nach einer Lösung gesucht werden.

Phases in the basic model for discussions with employees

Opening and establishing contact

In the contact establishment phase, the discussion partners greet one another. Depending on the reason for the discussion and the discussion partners, it can be important for the person leading the discussion to "break the ice".

If there are discussion partners who are not already acquainted with one another, this phase should go on a little longer. For one thing, the discussion partner can then become better accustomed to the situation and dispose of any feelings of unease; on the other hand however, this phase also serves an important purpose in the course of the communication process: This brief "warming-up phase" permits each of the partners to gain an impression of the another, allowing a mutual level of communication to be found and preventing misunderstandings. Small talk or general, uncomplicated questions on the subject at hand can be used in this phase.

But attention: The contact establishment phase should not go on for too long! Nobody likes to wait in suspense any longer than necessary – especially if he or she is anticipating an unpleasant discussion.

Positive introduction

The issue in the second phase is to find a positive introduction to the topic at hand. Referring to a prior successful mutual discussion, positive changes or initial successes and good performances by the discussion partner are great "pick ups" for this purpose. A positive introduction inspires motivation, attentiveness and a willingness to cooperate..

Information exchange

In the information exchange phase, all available and relevant information should be gathered. Evaluations should be avoided.

This phase helps to obtain a complete overview, to conduct the discussion objectively and to discover misunderstandings or knowledge deficiencies early on. It is important that all of the discussion partners have the opportunity to express their views on the matter at hand. In this phase the discussion director should work with open questions in order to obtain all the relevant information (cf. Chapter 4.2.2).

Planning

In the next step – the planning phase – there is a differentiated assessment in which the higher ranking person generally has a greater role. In spite of this, the employee concerned should still be heard out openly and impartially. Then a solution can be sought together.

Wie schon in der vorangegangenen Phase ist es für den Gesprächsführenden jetzt sinnvoll, durch den Einsatz unterschiedlicher Fragetechniken auszuloten,
- ob der Gesprächspartner die Bewertung versteht und akzeptiert,
- welche Ideen er zur Lösung beisteuern kann,
- welche Möglichkeiten er zur Umsetzung bestimmter Maßnahmen sieht,
- ob er die besprochenen Konsequenzen akzeptiert und bereit ist, motiviert an deren Verwirklichung mitzuarbeiten.

Natürlich kann eine Führungskraft auch im Alleingang Konsequenzen ziehen, Maßnahmen planen und deren Umsetzung anordnen. Das würde aber einerseits der bisher beschriebenen Vorgehensweise widersprechen, andererseits würde sie so die effiziente Umsetzung der Maßnahmen und die Motivation ihres Gesprächspartners gefährden.

Abschluss

Zum Abschluss sollten die besprochenen Punkte noch einmal zusammengefasst werden. Der Gesprächsführende sollte seinem Gesprächspartner sein Vertrauen aussprechen. Falls das nicht möglich ist, sollte der Gesprächsführer kritisch mit sich ins Gericht gehen. Er hätte dann nämlich Maßnahmen geplant, deren Verwirklichung er selbst nicht für realistisch hält. Danach folgt die Verabschiedung.

Dieser Ablauf macht deutlich, dass Fragetechniken an verschiedenen Punkten des Gesprächs mit Mitarbeitern eine entscheidende Rolle für den Gesprächserfolg spielen (vgl. Kap. 4).

3 Grundlagen der Interviewtechnik

3.1 Interviewvorbereitung

Bei der Vorbereitung eines Interviews ist große Sorgfalt geboten. Gut vorbereitet sind Sie dann, wenn Sie genügend Vorinformationen beschafft und einen Interviewplan erstellt haben. Was das beinhaltet, erfahren Sie im Folgenden.

Beschaffen Sie sich möglichst viele Vorinformationen!
Beginnen Sie frühzeitig damit, sich mit dem Interviewthema sowie ihrem Interviewpartner auseinanderzusetzen.

Je nachdem, welches Ziel Sie mit dem Interview verfolgen bzw. welche Informationen Sie benötigen, können es unterschiedliche Vorinformationen sein, die Sie recherchieren. Dementsprechend werden Sie unterschiedliche Informationsquellen konsultieren.

As in the previous phase, it makes sense now for the discussion director to use various questioning techniques to find out
- whether the discussion partner understands and accepts the assessment,
- what ideas he or she can contribute to the solution,
- which possibilities he or she envisions for implementation of specific measures,
- whether he or she accepts the conclusions that have been discussed and is ready to work in a motivated manner on their realisation.

Naturally, a manager can also reach conclusions, plan measures and order their implementation alone. But this would, for one thing, contradict the procedural manner discussed up to now and additionally endanger the efficient implementation of the measures and the motivation of the discussion partner.

Conclusion

To conclude, the points discussed above will be briefly summarised. The discussion director should express his or her trust and confidence in the discussion partner. If this is not possible, then the discussion director should examine his or her own conduct critically, because as such, this amounts to the discussion director having planned measures that he or she does not actually view as realistic. Afterwards, the farewell follows.

This sequence makes it clear that questioning techniques used at different points in the discussions with employees play a decisive role for the success of the discussion (cf. Chapter 4).

3 Fundamentals of Interviewing

3.1 Interview Preparation

Great care must be given to preparing an interview. You are well-prepared when you have obtained sufficient preliminary information and have compiled an interview plan. The following passages discuss what your plan should contain.

Acquire as Much Preliminary Information as Possible!

Get an early start on addressing both the interview topic and the interview partner.

The preliminary information you are researching can differ depending on what objective you are attempting to reach with the interview or what information you require. Accordingly, you will consult different sources of information.

Vorbereitung auf Interviews mit Angehörigen einer fremden Kultur – Beispiel China

Insbesondere, wenn Sie eine Person aus einem anderen Kulturkreis befragen, ist bei der Vorbereitung besondere Sorgfalt geboten. Dies lässt sich gut am Beispiel China veranschaulichen, denn die Unterschiede zwischen der chinesischen und der westlichen Kultur sind besonders groß.

Wichtig für Bewerbungsgespräche in China
- Informieren Sie sich, welche Reputation die Universität hat, an der der Bewerber seinen Abschluss gemacht hat.
- Erkundigen Sie sich, was die unterschiedlichen Qualifikationen bedeuten.
- Informieren Sie sich über die teilweise komplizierten formalen Regularien und Gesetze für die Einstellung von Mitarbeitern, die sogar je nach Stadt stark variieren.
- Überreichen und nehmen Sie Visitenkarten immer mit beiden Händen, indem Sie die Karte an den beiden oberen Ecken festhalten.

Wichtig für Mitarbeitergespräche in China
- Das Verhältnis zwischen Mitarbeiter und Vorgesetztem ähnelt einer Lehrer-Schüler-Beziehung: Respekt und Vertrauen sind die Grundlage für eine erfolgreiche Zusammenarbeit.
- Chinesen erwarten ein viel größeres Maß an Feedback und Kontrolle als deutsche Mitarbeiter. Sie möchten durchaus verantwortungsvolle Aufgaben übernehmen, wünschen sich aber einen regelmäßigen Austausch darüber.
- In China trennt man nicht deutlich zwischen Privat- und Berufsleben. Daher erwarten die Mitarbeiter, dass ihr Vorgesetzter auch in zwischenmenschlichen, persönlichen Angelegenheiten seine Fürsorgepflicht wahrnimmt.
- Chinesen äußern Kritik niemals so direkt, wie es in Deutschland üblich ist. Das sollten Sie bei der eigenen Wortwahl ebenso wie bei allem, was man Ihnen gegenüber äußert, beachten. Entwickeln Sie ein Gespür für Zwischentöne: Ihr Mitarbeiter wird Sie niemals direkt auf Missstände hinweisen. Kritik oder Zweifel an Entscheidungen äußert man meist durch Schweigen oder eine Vermeidung des Themas.

Preparations for Interviews with Persons from a Foreign Culture – Example: China

Special care in preparations is necessary when you are to interview someone from a different cultural background. China provides a good example for illustrating this because of the significant differences between the Chinese and the western culture.

What is Important for Job Interviews in China
- Inform yourself regarding the reputation of the university where the applicant graduated.
- Find out what the different qualifications signify.
- Inform yourself regarding the sometimes complicated formalities and regulations for hiring employees, some of which even differ greatly from one city to the other.
- Always give and receive business cards with both hands, holding the card at both upper corners.

What is Important for Employee Discussions in China
- The relationship between employees and their superiors resembles a teacher-student relationship: Respect and trust are the basis for successful collaboration.
- The Chinese expect a much greater degree of feedback and control than German employees. They definitely want to take on assignments with responsibility, but desire a regular exchange of views about such.
- In China, business and private life are not strictly separated. For this reason, employees also expect superiors to adhere to the principle of the employer's duty of care in personal and interpersonal matters.
- The Chinese never express criticism as directly as it is customary in Germany. You should observe this in your own choice of words and in interpreting everything that is said to you. Develop a sense for nuance: Your employee will never refer directly to grievances in speaking with you. Criticism or doubts regarding decisions are usually expressed by silence or avoiding the subject.

Grundlagen der Interviewtechnik

	Interviewthema	**Interviewpartner**
Arten der Vorinformation	• Grundlagen • Unterschiedliche Standpunkte bezüglich des Themas • Befürworter und Gegner • Weiterentwicklungen • Alternativen	• Standpunkt, Meinung, Einstellung bezüglich des Themas • Bisherige Äußerungen • Zugehörigkeit zu einer bestimmten Organisation, Organisationseinheit, Abteilung, Gruppe oder einem Gremium • Lebenslauf, Sozialisation (beruflich und privat)
Informationsquellen	• Lexika, Nachschlagewerke • Primärliteratur, Fachzeitschriften • Expertenbefragung • Geschäftsberichte, Zeitungsartikel, Werkszeitschrift • Internet	• Interviews • Small Talk • Geschäftsberichte, Zeitungsartikel, Werkszeitschrift • Internet

Parallel zur Beschaffung von Vorinformationen sollte die organisatorische Vorbereitung des Interviews laufen. Vereinbaren Sie Ort, Termin und Dauer, sorgen Sie dafür, dass Sie ungestört sind.

Erstellen Sie einen Interviewplan!
Ein Interviewplan sollte schriftlich fixiert werden. Selbst wenn Sie kein vollkommen durchstrukturiertes Interview führen wollen, sollten zumindest die wichtigsten Fragen oder Themen präsent sein. Wenn eine große Zahl von Interviews geführt werden soll oder wenn es wichtig ist, dass die Interviewergebnisse vergleichbar sind, empfiehlt es sich ganz besonders, einen standardisierten Interviewplan als Grundlage zu entwickeln.

Ein Interviewplan sollte folgende Punkte enthalten:
- Informationen zu Datum, Uhrzeit, Ort und Teilnehmern
- Thema des Interviews und eventuell Interviewziele in groben Stichworten
- Gesprächsablauf und Rollenverteilung zwischen den Interviewern (Hier können Sie die einzelnen Gesprächsphasen und die in den Phasen anzusprechenden Punkte und Themen notieren. Falls nötig, können konkrete Fragen vorbereitet werden.)

Fundamentals of Interviewing

	Interview topic	Interview partner
Types of preliminary information	• Basics • Various standpoints regarding the topic • Proponents and opponents • Further developments • Alternatives	• Standpoint, opinion, attitude regarding the topic • Previous statements • Affiliation with a specific organisation, organisation unit, department, group or body • CV, socialisation (professional and private)
Sources of information	• Encyclopaedias, reference works • Primary literature, specialist magazines • Questioning experts • Business reports, newspaper articles, company newspaper • Internet	• Interviews • Small talk • Business reports, newspaper articles, company newspaper • Internet

The organisational preparation for the interview should be conducted simultaneously with the acquisition of preliminary information. Make arrangements for the place, time and duration, and make sure that you will not be disturbed.

Create an Interview Plan!

An interview plan should be prepared in writing. Even if you do not want to conduct a thoroughly structured interview, it should still at least contain the most important questions or topics. It is particularly advisable to develop a standardised interview plan as a basis when a large number of interviews are to be conducted, or if the interview results are comparable.

An interview plan should contain the following points:
- Information on the date, time, location and participants
- Topic of the interview and any interview objectives stated in general keywords
- Course of the discussion and distribution of roles among the interview participants (here you can note the individual discussion phases and the points and topics to be addressed in each of the phases. If necessary, specific questions can be prepared.)

Seien Sie sich bei der Entwicklung Ihres Interviewplans stets bewusst, was das Interviewziel ist, mit wem Sie das Interview führen und welche Schwierigkeiten auftauchen können.

Vor allem dann, wenn Sie ganz bestimmte Informationen dringend benötigen oder wenn Sie einen zurückhaltenden oder ausweichend antwortenden Gesprächspartner vermuten, sollten Sie versuchen, dessen Antworten zu antizipieren. Dann können Sie Ihre Fragen so stellen, dass Sie möglichst offene Antworten erhalten. Sie stellen also folgende „Dreisprungüberlegung" an:

- Worüber möchte ich Informationen erhalten?
- Was möchte er mir wahrscheinlich sagen?
- Was und wie muss ich fragen, damit er sich freimütig äußert und offen antwortet?

Interviewplan – Vorstellungsgespräch	Datum: 15.11.2007 Uhrzeit: 10:30 Uhr Ort: Besprechungsraum 1.4
Ausgeschriebene Stelle:	Einkäufer
Kandidat:	Frau Buchholz
Interviewer:	Herr Schubert (Personalreferent) Frau Hesseling (Einkaufsleiterin)

Gesprächsablauf:
- *Begrüßung durch Herrn Schubert*
- *Vorstellung der Interviewer und Erläuterung des Gesprächsablaufs durch Herrn Schubert*
- *Informationen über das Unternehmen (Herr Schubert): Branche, Größe, Produkte, aktuelle Entwicklungen ...*
- *Informationen zur Stelle (Frau Hesseling): organisatorische Einordnung, Aufgaben, Kollegen ...*
- *Allgemeine Fragen an Frau Buchholz (Herr Schubert): Selbstvorstellung, Ausbildung, Werdegang, Gründe für Studium, Berufs- und Unternehmenswahl*
- *Fragen zur Qualifikation von Frau Buchholz (Frau Hesseling):*
  - *bisherige Aufgaben, Kompetenzen, Verantwortung*
  - *durchgeführte Projekte*
  - *Erfahrungen mit ...*
- *Fragen zu Stärken, Schwächen, Eigenschaften, Zielen, Zukunftsplänen und Wechselgründen von Frau Buchholz (Herr Schubert)*
- *Fragen der Kandidatin (beide Interviewer)*
- *Vertragsfragen (Herr Schubert): Kündigungstermin und -frist, Gehaltsvorstellungen, Sozialleistungen*
- *Verabschiedung (Herr Schubert)*

Abb. 1: Entwurf eines Interviewplans für ein Vorstellungsgespräch

When preparing your interview plan, be constantly aware of what the objective of the interview is, who you will be interviewing and what difficulties may arise.

Particularly when you urgently need specific information or when you suspect a discussion partner to be reserved or evasive in answering, you should attempt to anticipate their answers. Then you can pose your questions in such a way that you receive open answers to the greatest extent possible. To do so, engage the following "triple-jump consideration":

- What do I want to receive information about?
- What does he or she probably want to tell me?
- What questions do I have to ask and in what way so that he/she answers openly and freely?

Interview plan – Job interview	Date: Nov. 15th, 2007 Time: 10:30 a.m. Location: Conference Room 1.4
Advertised post:	Purchaser
Candidate:	Ms Buchholz
Interviewer:	Mr Schubert (Human Resources Manager) Ms Hesseling (Purchasing Manager)

Course of the discussion:
- Greeting by Mr Schubert
- Introduction of the interviewers and explanation of the course of the discussion by Mr Schubert
- Information on the company (Mr Schubert): branch, size, products, current developments ...
- Information on the position (Ms Hesseling): reporting hierarchy, tasks, colleagues ...
- General questions to Ms Buchholz (Mr Schubert): candidate's introduction of herself, education and training, career, reasons for choice of studies, profession and company
- Questions on Ms Buchholz's qualifications (Ms Hesseling):
  - Previous assignments, skills, responsibilities
  - Completed projects
  - Experience with ...
- Questions on Ms Buchholz's strengths, weaknesses, characteristics, goals, future plans and reasons for changing companies (Mr Schubert)
- Questions from the candidate (both interviewers)
- Employment contract questions (Mr Schubert): termination notice date and period, salary expectations, employee benefits
- Farewell (Mr Schubert)

Ill. 1: Draft of an interview plan for a job interview

Nach dem Studium der Bewerbungsunterlagen sollten in diesem Fall die zu stellenden Fragen noch genauer geplant und formuliert und ein Protokollformular vorbereitet werden.

> *Seien Sie sich jedoch bei aller notwendigen Vorbereitung stets darüber im Klaren, dass der Interviewte nicht so antworten muss, wie Sie es erwarten. Lassen Sie sich nicht durch Ihre eigenen Erwartungen einschränken.*

Um das Interview für beide Seiten angenehmer und interessanter zu gestalten, sollten Sie folgende Tipps beachten:
- Achten Sie auf die Sitzordnung (angenehmer Sitzabstand).
- Hören Sie aktiv zu.
- Gestalten Sie das Interview inhaltlich abwechslungsreich.
- Legen Sie im Vorfeld eine inhaltlich und dramaturgisch sinnvolle Reihenfolge der Fragen fest.
- Verwenden Sie unterschiedliche Fragetypen (vgl. Kap. 4.2):
  - Zeigen Sie Wertschätzung und Interesse an Ihrem Interviewpartner durch offene Fragen.
  - Fokussieren Sie das Interview auf Ihr Interviewziel durch wenige gezielte geschlossene Fragen oder Alternativfragen.
- Vermeiden Sie manipulierende Techniken.
- Wenn Sie referieren, machen Sie deutlich, von wem eine Aussage oder Meinung stammt.
- Fassen Sie die behandelten Themen regelmäßig zu einem Fazit zusammen, bevor Sie zum nächsten Thema übergehen.
- Bilden Sie keine Frageketten! Frageketten verwirren den Interviewten. Möglicherweise vergisst er, auf eine Frage zu antworten, oder er sucht sich die leichteste Frage aus.

3.2 Interviewdurchführung

3.2.1 Kurz vor dem Interview

Es ist leicht nachvollziehbar, dass Vorstellungsgespräche, Interviews, die im Rahmen von Change-Prozessen geführt werden, oder Mitarbeitergespräche, bei denen der Mitarbeiter beispielsweise befürchtet, schlecht beurteilt zu werden, ein hohes Maß an Anspannung beim Befragten hervorrufen. Auch wenn es einzelne Situationen gibt, in denen das durchaus erwünscht ist, wird dadurch die Befragung im Regelfall für den Interviewer schwieriger und die Qualität der erhaltenen Daten lässt nach, weil der Interviewte sich weniger kooperativ verhält und Punkte, die er für problematisch hält, eher verschweigt.

After studying the application documentation, the questions in this case should be more precisely planned and formulated and a written record form should be prepared.

> *Always remember when making all the necessary preparations that the person being interviewed does not have to answer in the way you anticipate. Do not allow your own expectations to restrict you.*

You should observe the following tips to make the interview more pleasant and interesting for both sides:
- Pay attention to the seating arrangement (comfortable seating distance).
- Listen actively.
- Arrange the content of the interview with enough diversity to keep it interesting.
- Prior to the interview, establish an order for the questions that makes sense according to content and dramaturgy.
- Use different question types (cf. Chapter 4.2).
  - Demonstrate appreciation and interest in the interview partner by using open questions.
  - Focus the interview on your interview objective by using a few targeted closed questions or alternative questions.
- Avoid manipulative techniques.
- If you quote something, clarify who the originator of the statement or opinion is.
- Regularly summarise the topics addressed before moving on to the next topic.
- Do not form question chains! Question chains confuse the person being interviewed, and he or she may consequently forget to answer a question or seek out the easiest question.

3.2 Conducting Interviews
3.2.1 Shortly Before the Interview
It is easily understandable that job interviews, interviews conducted within the context of change processes or employee discussions in which, for instance, the employee fears receiving a poor assessment, are the source of a high degree of anxiety on the part of the interviewee. Although there are situations where this is desirable, it nevertheless makes questioning more difficult for the interviewer and the quality of the information received deteriorates because the interviewee is less cooperative and tends to avoid points that he or she regards as problematic.

Um ein Interview für den Gesprächspartner ruhig und entspannt zu gestalten, sollten Sie die Vorbereitungen, die Sie unmittelbar vor dem Interview tätigen müssen, abgeschlossen haben, bevor Sie sich mit dem Gesprächspartner treffen. Unterhalten Sie sich locker mit ihm. Machen Sie Small Talk, aber spannen Sie ihn nicht auf die Folter.

> *Auch wenn Sie es eilig haben, sprechen Sie in der Aufwärmphase noch nicht über das eigentliche Gesprächsthema.*

Es besteht sonst die Gefahr, dass der Gesprächspartner sein Pulver schon vor der Befragung verschossen hat, und Sie untergraben Ihren mühsam vorbereiteten Interviewplan selbst. Sorgen Sie schon im Vorfeld für genügend Zeit und eine angenehme, ungestörte Gesprächsatmosphäre.

Informieren Sie Ihren Gesprächspartner kurz vor dem Gespräch darüber, ob und wie Sie das Interview protokollieren oder aufzeichnen möchten. Holen Sie gegebenenfalls noch kurzfristig seine Einwilligung ein.

3.2.2 Während des Interviews

Als grundlegenden Leitfaden beachten Sie während des Interviews stets Ihren vorbereiteten Interviewplan (vgl. Kap. 3.1). Bleiben Sie immer wachsam und flexibel: Auch wenn das Interview wie geplant und reibungslos läuft, kann Ihr Gesprächspartner noch bei der letzten Frage vom Plan abweichen.

Normalerweise teilen Sie Ihrem Gesprächspartner mit, um was es in dem Interview geht – auch dann, wenn er nicht danach fragt. Vielleicht können Sie ihm die Startfrage schon im Vorfeld kundtun. Hierdurch gewährleisten Sie einen reibungslosen Einstieg und demonstrieren Ihrem Gesprächspartner, dass Sie an einer transparenten Zusammenarbeit interessiert sind. Prinzipiell könnten Sie Ihrem Gesprächspartner sogar alle Fragen des Interviews vorab mitteilen:

- Der Vorteil besteht darin, dass Sie ein Maximum an Transparenz und Kooperativität zeigen. Zudem kann sich der Interviewpartner so optimal auf das Gespräch vorbereiten.
- Andererseits heißt optimal vorbereiten nicht unbedingt, dass sich Ihr Gesprächspartner in Ihrem Sinne vorbereitet. Wenn Sie ihm vorab alle Fragen des Interviews geben, wird es für Sie komplizierter, eine unerwartete Wendung in das Gespräch zu bringen. Spontane Frageideen lassen sich so schwerer einbringen,

In order to arrange an interview that is calm and relaxed for the discussion partner, you should complete the preparations that have to be done directly prior to the interview, before meeting with the discussion partner. Speak casually with the interviewee, make small talk, but refrain from keeping him or her in suspense too long.

> *Even if you are in a hurry, do not talk about the actual topic of discussion in the warm-up phase.*

Otherwise you run the risk of your discussion partner already saying what they have to say before you even start with your questions, shooting down your carefully prepared interview plan before you even get started. Plan for enough time and a pleasant, undisturbed discussion atmosphere in advance.

Inform your discussion partner shortly before you begin the actual interview as to whether and how you want to keep a record or document the talk. If necessary, get their permission for this before you start.

3.2.2 During the Interview

As a fundamental guideline, follow your prepared interview plan (cf. Chapter 3.1) throughout the interview. Always stay alert and flexible: Even if the interview is going smoothly as planned, your discussion partner can still veer off the plan with the final question.

Normally, you inform the discussion partner what the issue is in the interview – even if they do not ask. Perhaps you could even provide them with the first question in advance, guaranteeing a smooth start and demonstrating to your discussion partner that you are interested in a transparent, collaborative effort. In principal, you could even provide your discussion partner with all of the questions for the interview in advance:

- The advantage of this is that you show your interest in achieving a maximum in transparency and cooperativeness. In addition, the interview partner can also fully prepare for the discussion.
- On the other hand, having your discussion partner prepare fully might not be in your interest. If you provide all of the questions in advance, it will be more difficult to bring an unexpected turn into the discussion. It makes spontaneous question ideas more difficult to produce and there is the risk that you will only receive

und es besteht die Gefahr, dass Sie auswendig gelernte Antworten erhalten. Zudem erfordert eine solche Vorgehensweise sehr viel Aufwand in der Vorbereitungsphase.

Die Einleitungsfrage

Grundsätzlich brauchen Sie zu Beginn des Interviews – ebenso wie zu Beginn jedes einzelnen Interviewthemas – eine Einleitungsfrage, die es dem Interviewten ermöglicht, sich auf die Situation einzustellen und den persönlichen Redefluss zu finden. Erst wenn das erreicht ist, sollten Sie auf die kritischen Themen zu sprechen kommen. Stellen Sie also zunächst unproblematische Fragen. Die wirklich emotionalen Fragen oder jene, die eine kritische Situation verursachen könnten, kommen erst am Schluss. Das hat folgende Vorteile:

- Ihr Gesprächspartner kann sich an die Situation und an Sie gewöhnen. Dadurch kommt er eher in einen Redefluss. Die Befragung ist offener, freier und ungezwungener.
- Der Interviewte fasst Vertrauen und fühlt sich wohler. Dadurch ist er wahrscheinlich weniger vorsichtig und zurückhaltend. Er gibt möglicherweise Informationen preis, die er in einer angespannten Gesprächssituation für sich behalten hätte.
- Wenn Sie es geschafft haben, Vertrauen aufzubauen, gibt der Interviewte wahrscheinlich sogar auf geschlossene Fragen eine längere Antwort.

Interviewer: „Halten Sie eine Reduzierung des Krankenstandes durch die Einführung von Gruppenarbeit für möglich?"

Interviewter: „Ja, das glaube ich schon. Immerhin will keiner von uns sein Team im Stich lassen."

Die Columbo-Technik

Inspektor Columbo aus der gleichnamigen amerikanischen Fernsehserie vermittelt dem Verdächtigen ein Gefühl der Sicherheit, indem er sich verabschiedet und Richtung Tür geht. Der Befragte nimmt an, dass die Befragung beendet ist, und rechnet nicht mehr damit, dass ihm der Inspektor gefährlich werden könnte. Er täuscht sich, denn Columbo macht noch einmal kurz kehrt und stellt unverhofft und fast beiläufig noch eine wichtige Frage. Da die Interviewsituation aus der Sicht des Interviewten schon beendet ist, lässt seine Anspannung und damit seine Vorsicht schlagartig nach. Achtung: Dies ist eine manipulative Technik. Sie kann in Ausnahme-

memorised, prepared answers. Furthermore, providing the questions in advance requires a great deal of effort in the preparation phase.

The Introductory Question

Principally, at the start of the interview – and at the start of each individual interview topic – you need an introductory question that enables the person being interviewed to adjust to the situation and find their personal flow of speech. You should only address the more critical topics when this has first been established. So **start off with unproblematic questions**. Heavily emotional questions or questions that could cause a critical situation come towards the end. This has the following advantages:

- Your discussion partner can get accustomed to the situation and to you, making it easier for them to get into their speaking flow. The questioning is more **open and informal**.
- The person being interviewed becomes **more trusting** and feels more comfortable, and is subsequently likely to be less guarded and reserved. He or she may possibly reveal information more likely to be kept secret in a less relaxed discussion situation.
- When you have managed to build up trust, the interviewee is likely to give longer answers to even closed questions.

> *Interviewer:* *"Do you think it's possible to reduce sick leave by introducing group work?"*
> *Interviewee:* *"Yes, I think so. After all, none of us wants to let down the team."*

The Columbo Technique

Inspector Columbo from the US TV series of the same name gives the suspect a feeling of safety by saying goodbye and heading toward the door. The person being questioned assumes that the interrogation is over and no longer suspects that the inspector could still be dangerous. This is a mistake, because Columbo turns round again unexpectedly and almost incidentally asks an important question. Since the interview situation is already over from the viewpoint of the interviewee, he or she relaxes and notably "drops their guard". Attention: This is a **manipulative technique**. It can make sense in exceptional situations in order to break the pattern of a discussion situation that has gotten into a rut.

fällen sinnvoll sein, um eine festgefahrene Gesprächssituation in Bewegung zu bringen.

Ebenso wäre auch die überfallartige Konfrontation mit dem kritischen Gesprächsthema zu Beginn des Interviews denkbar, das in diesem Fall ohne eine Aufwärmphase begonnen wird. Auch diese provokative Methode sollte nur in Ausnahmesituationen eingesetzt werden.

Ein Mitarbeiter, den Sie als Vorgesetzter im Rahmen eines Jahresgesprächs nach Art von Inspektor Columbo mit einem Fehlverhalten konfrontieren, wird sich vermutlich brüskiert fühlen und sein Verhalten Ihnen gegenüber sicherlich überdenken und ändern. Bei ihm sind jetzt alle Warnleuchten an. Wenn er künftig einen Fehler macht, wird er mit Ihnen wahrscheinlich nicht mehr offen darüber reden.

Im Umgang mit „Verdächtigen", zu denen keine langfristig gute Beziehung aufgebaut werden muss, kann diese Technik von Nutzen sein. Zu Mitarbeitern sollte aber eine langfristig gute und kollegiale Beziehung aufgebaut werden. Der Einsatz manipulativer Techniken verbietet sich dabei von selbst. Besser ist es, offen zu fragen. Geben Sie ihrem Gegenüber die Möglichkeit zu reden. Die Frage zum Thema Betriebsklima *„Haben Sie sich über die Änderungskündigung geärgert?"* ergibt vielleicht nur ein trockenes „Ja". Besser ist es zu fragen *„Wie haben Sie die Änderungskündigung empfunden?"* oder *„Weshalb haben Sie sich über die Änderungskündigung geärgert?"*.

3.2.3 Psychologische Aspekte

Ein Interview ist immer auch ein psychologischer Vorgang, bei dem es darum geht, sein Gegenüber einzuschätzen. Sie sprechen mit jemandem, von dem Sie bestimmte Informationen bekommen möchten. Ihr Gesprächspartner ist zwar bereit, mit Ihnen zu reden, aber ob er die gewünschten Informationen offen preisgeben wird, ist ungewiss. Deshalb müssen Sie in jedem Fall versuchen, auf Ihren Gesprächspartner einzugehen. Mit welchem Verhalten des Interviewten müssen Sie rechnen und wie können Sie dem begegnen?

1. Ihr Interviewpartner erzählt ausschweifend, kommt vom Thema ab oder benötigt ein gewisses Maß an Druck und Anspannung, um in Fahrt zu kommen.
Was tun? Nun, wenn Sie z.B. etwas über ein Arbeitsproblem des Mitarbeiters erfahren und ihn damit konfrontieren wollen, kann es sinnvoll sein, vor oder während des Interviews die Positionen klarzustellen. Sinngemäß: *„Ich stelle hier die Fragen!"*

One can equally consider the "ambush" type of confrontation, with the critical topic of discussion coming right at the start of the interview with no warm-up phase. This provocative method should also only be used in exceptional situations.

An employee that you confront with a mistake in Columbo-style is likely to feel offended and will reconsider and change the way they deal with you in the future. All alarm signals will be "on" now with this person. And if they make a mistake again in the future, they will probably not discuss it openly with you.

This technique can be useful in dealing with "suspects" where it is not necessary to build up a positive long-term relationship. But a long-term cooperative relationship should be built up with employees; this inherently rules out the use of manipulative techniques.
It is better to be open with your questions. Give your discussion partner the opportunity to talk. The work climate question, *"Were you irritated by the employment contract changes?"* is likely to be answered with a dry "yes". It is better to ask, *"How did you feel about the employment contract changes?"*, or *"Why did you feel irritated about the employment contract changes?"*

3.2.3 Psychological Aspects

An interview is also always a psychological procedure aimed at evaluating the interviewee. You speak with someone who you want to receive specific information from. Your discussion partner is prepared to talk to you, but whether he or she will openly reveal the desired information is uncertain. This is why you definitely have to attempt to accommodate your discussion partner. What kind of behaviour can you anticipate from the person being interviewed and how can you react?

1. Your interview partner gives evasive explanations, deviates from the topic or requires a certain degree of pressure and stress to get the conversation moving.
What can you do? Well, if for example you want to find out something about a work problem with the employee and confront the person with it, it can make sense to clarify the positions prior to or during the course of the interview, something along the lines of *"I'm asking the questions here!"*

Eine andere Möglichkeit in einer solchen Situation ist die Stakkatofrage, also eine sehr kurze Frage. Oft tritt sie als schnelle Folge kurzer Fragen in einer Fragekette oder als einzelne kurze Zwischenfrage auf. Als präzisierende und lenkende Einwortfrage kann die Stakkatofrage gegenüber „Vielrednern" eingesetzt werden.

> *Wenn der Gefragte wichtige Punkte umgeht oder auslässt, kann man seinen Redeschwall mithilfe einer Stakkatofrage unaufdringlich unterbrechen und ihn darauf aufmerksam machen.*

Ein günstiger Zeitpunkt dafür ist der Moment des Luftholens Ihres Interviewpartners. Eine solche Frage sollte nicht mehr als drei Worte enthalten.

Beispiele: Stakkatofrage

- Warum?
- Wer war das?
- Wann?
- Wie viel?
- An wen?
- Wie lange?

Sie können die Stakkatofrage nonverbal durch ein Handzeichen oder ein leichtes Heben des Armes ankündigen und unterstützen.

2. Der Interviewpartner drückt sich schwer verständlich aus. Er ist nervös und stottert, redet ohne Punkt und Komma oder verwendet ungebräuchliche Begriffe, Fremd- und Fachwörter.
Sagen Sie dem Interviewten, was Sie stört: *„Könnten Sie sich bitte kürzer fassen?"* oder *„Könnten Sie bitte versuchen, weniger Fremdwörter zu verwenden?"*

Eine andere Möglichkeit: Nennen Sie schon in der Frage ein Beispiel für eine mögliche Antwort bzw. definieren Sie die Art und Weise der Antwort in der Frage genauer: *„Nennen Sie mir bitte die drei größten Probleme in der Zusammenarbeit mit den anderen Teammitgliedern."* oder *„Beschreiben Sie bitte in drei Sätzen, welchen Einfluss das Betriebsklima Ihrer Meinung nach auf den Krankenstand hat."*

3. Ihr Gesprächspartner fühlt sich durch Ihre Korrekturen schnell verunsichert. Er denkt nun mehr über Wortwahl und Satzbau nach als über seine inhaltliche Aussage.
Hier ist Ihr Fingerspitzengefühl gefordert: Wenn ein Kollege etwa von einem Betriebsunfall mit schweren Verletzungen spricht, dann tut er sich verständlicherweise schwer damit, dieses Erlebnis objek-

Another possibility in this type of situation is the "staccato question", or in essence, a very short question. It often appears in rapid succession in a question chain or individually as a short question in between. The "staccato question" can be used as a one-word clarifying and directive question in response to long-winded speakers.

> *If the interviewee dodges or leaves out important points, a "staccato question" can inoffensively interrupt their speaking flow and focus their attention on the desired matter.*

A suitable time for this is when the interview partner stops to take a breath. This type of question should not contain more than three words.

Examples: staccato question

- Why?
- Who was that?
- When?
- How much?
- To whom?
- How long?

You can announce and reinforce the "staccato question" with a hand signal or by slightly raising your arm.

2. It is difficult to understand the interview partner's speech. He or she is nervous, stuttering, speaking without any notable punctuation or is using unaccustomed, specialist or technical terminology.
Tell the person being interviewed what is bothering you: *"Could you please keep the statements more brief?"* or *"Could you please try to use less specialist terminology?"*

There is another possibility: Give an example for a possible answer already in the question or define more closely the nature of the answer: *"Please specify the three greatest problems in working together with the other team members,"* or *"Please describe in three sentences the influence that the work environment has on sick leave in your opinion."*

3. Your corrections have quickly made your discussion partner feel insecure. Now his or her focus is more on the choice of words and sentence formulation than on the actual content.
This requires a "delicate touch" on your part: If, as an example, a colleague is talking about a job-related accident with severe injuries, then it is understandable that they will have difficulties formulat-

tiv, sachlich und präzise zu formulieren. Mahnen Sie ihn dann nicht zu mehr Neutralität, sondern wählen Sie einen anderen Weg: Bestärken Sie ihn und bitten Sie ihn um eine Zusammenfassung: *„Das haben Sie sehr anschaulich geschildert. Es wäre schön, wenn Sie den Ablauf des Geschehens noch einmal kurz zusammenfassen könnten, damit ich den Hergang konkret nachvollziehen kann."*

Statt den Interviewten durch Korrekturen oder klare Anweisungen zu steuern, stehen dem Interviewer noch andere Möglichkeiten zur Verfügung: Zum einen kann er selbst das gewünschte Antwortverhalten demonstrieren und zum anderen hat er die Möglichkeit, das Antwortverhalten des Interviewten indirekt durch **antizyklisches Verhalten** zu beeinflussen: Ist Ihr Gesprächspartner etwa zu kurz angebunden, stellen Sie bewusst ausschweifende Fragen; redet er zu viel, fragen Sie ganz kurz und knapp.

Antwortverhalten	**Frageverhalten**
Ausschweifende Antworten	Kurze Fragen: *„Was war dafür der Hauptgrund?"*
Einsilbige Antwort: *„Ich ärgere mich."* oder nur Ja- und Nein-Antworten	Offene Fragestellung und weiteres Ausholen: *„In der Pilotphase der Teamarbeit muss ja schon einiges passiert sein, was Sie geärgert hat. Vielleicht sind Ihnen auch einige positive Aspekte aufgefallen. Bitte beschreiben Sie doch Ihre bisherigen Erfahrungen mit der Teamarbeit anhand einiger konkreter Beispiele."*
Verwendung vieler Fachbegriffe oder eines bestimmten Slangs; der Programmierer beschreibt seine Aufgabe: *„Ich war für das Programming, das Prototyping ... zuständig."*	Benutzung einer bewusst einfachen Sprache oder scheinbar „dummer" Fragen: *„Beschreiben Sie doch einmal, was man unter der Herstellung eines Prototypen versteht."*

4. Ihr Interviewpartner verschweigt Informationen, weicht Ihren Fragen aus oder verdreht die Wahrheit und schreckt auch vor unfairen Gesprächstechniken wie Lüge, Provokation und persönlichen Angriffen nicht zurück.

Das ist für Sie als Interviewer eine große Herausforderung. Solche Situationen treten vor allem dann auf, wenn Sie Ihren Gesprächs-

ing this experience in an objective, factual and precise manner. So avoid reprimanding him or her to be more factual. Select another way instead: Encourage them and ask for a brief summary: *"That was a very vivid account. It would be great if you could just briefly summarise the course of events once more so that I can fully understand the sequence of what happened."*

Possibilities other than correcting or directly instructing the interviewee are available to the interviewer: For one, the interviewer can demonstrate the desired answering form. Additionally, the interviewer is capable of indirectly influencing the answering conduct of the interviewee with anti-cyclical behaviour: If your discussion partner sticks to answers that are too short, then intentionally pose more long-winded questions; if the interviewee is a "motor-mouth", then keep your questions short and to the point.

Answering conduct	Questioning conduct
Evasive answers	Short questions: *"What was the main reason for that?"*
One-syllable answers: *"Irritated."* Or only "yes" and "no" answers.	Posing open questions and being generally more expansive: *"Several things must have happened in the pilot phase of the teamwork that irritated you. Maybe you noted some positive aspects as well. Please use a specific example to describe your experience with the teamwork up to now."*
Using several technical or specialist terms or a particular type of slang. A programmer describes his task: *"I was responsible for the programming, the prototyping ..."*	Consciously using simple language or apparently "dumb" questions: *"Could you please explain what producing a prototype means?"*

4. You interview partner conceals information, evades your questions or twists the truth and additionally does not shy away from unfair discussion techniques like lying, provocation and personal attacks.

This is a great challenge for you as an interviewer. These kinds of situations appear primarily when you confront your discussion

partner mit echten Missständen, Problemen und Konflikten konfrontieren und eine Stellungnahme von ihm verlangen.

In einem solchen Fall hilft es, Stärke zu demonstrieren und sich Zeit zu lassen. Sortieren Sie in aller Ruhe Ihre Notizen und Gedanken. Das beruhigt Sie und verunsichert den Interviewten. Lassen Sie sich nicht aus dem Konzept bringen.

Wenn Sie nur ausweichende Antworten erhalten, wiederholen Sie die Frage. In einem solchen Gespräch dürfen Sie nie einen Zweifel daran lassen, dass Sie das Gespräch führen. Sie haben das Recht und die Pflicht, Fragen zu stellen. Sollte das alles nichts nützen, ist es oft besser, das Interview zu beenden, schließlich können Sie niemanden zwingen, Ihnen offen und ehrlich Rede und Antwort zu stehen.

5. Der Interviewte antwortet nicht sofort.
Stellen Sie die gleiche Frage in abgeänderter Form nochmals und warten Sie. Ein geänderter Wortlaut kann dem Interviewten helfen, besser zu verstehen, worauf Sie hinauswollen. Und: Da der Interviewte über manche Fragen nachdenken muss, ehe er antworten kann, benötigt er einige Sekunden, um seine Gedanken zu ordnen.

Interviewer:	„Wie bewerten Sie in der Retrospektive das Change-Management beim Roll-out der useroptimierten Benutzeroberfläche des ERP-Programmes?"
Interviewter:	Schweigen.
Interviewer:	„Finden Sie, dass die Einführung der neuen Software gut gelungen ist? Begründen Sie Ihre Meinung bitte."

Nicht nur bei Vorstellungsgesprächen ist es hilfreich, frische Eindrücke und Erinnerungen parat zu haben. Deshalb sollten Sie das Interview möglichst sofort auswerten und die erhaltenen Informationen verarbeiten. Wenn das Interview veröffentlicht werden soll, sollten Sie dem Interviewpartner zuvor die Aufzeichnung (schriftliches Protokoll oder MP3) des Interviews mit der Bitte um Durchsicht und Zustimmung zur Weiterverwendung zukommen lassen.

partner with genuine grievances, problems and conflicts and you demand their response.

In this type of situation, it is helpful to demonstrate level-headedness and to take your time. Calmly sort out all your notes and thoughts. This will put you at ease and unsettle the aggressive interviewee. Do not permit yourself to be distracted from your plan.

If you receive only evasive answers, repeat the question. In a discussion of this type, you cannot afford to leave any doubt that you are in charge of the discussion. You have the right and the obligation to ask questions. If none of this does any good, then it is frequently better to end the interview; when all is said and done, you cannot force anyone to answer your questions openly and honestly.

5. The interviewee does not answer right away.

Ask the question again in a different form and wait. Changing the formulation can help the interviewee to better understand what you are trying to find out. And since the person being interviewed has to think about some questions before they can be answered, he or she will need a few seconds to get their thoughts straight.

Interviewer:	*"In retrospect, how would you evaluate the change-management in the roll-out of the user-optimised ERP program interface?"*
Interviewee:	*Silence.*
Interviewer:	*"Do you think the introduction of the new software was a good move? Please give reasons for your opinion."*

It is a good thing to hang on to fresh impressions and memories, and not just for job interviews. For this reason, you should assess the interview and process the information it has provided as quickly as possible after its conclusion. If the interview is to be published or made public, you should provide the interview partner in advance with the record (written protocol or MP3) of the interview accompanied with a request that the interviewee go through it and approve it for further use.

4 Fragetechniken für Gespräche mit Mitarbeitern und Bewerbern

Bevor wir uns den verschiedenen Ausprägungen des Interviews im Personalwesen widmen (Kap. 5 bis 8), werden wir uns in diesem Kapitel zunächst mit einem Thema befassen, dessen Kenntnis eine grundlegende Voraussetzung für das Führen von Interviews ist – nämlich mit Fragetechniken.

4.1 Was hat es mit Fragen auf sich?

Als Fragetechnik wird der Einsatz von verschiedenen Fragearten zur gezielten Gesprächsführung bezeichnet. Unter einer Frage versteht man im Allgemeinen eine sprachliche Aufforderung bzw. einen Satz, mit dem das Ziel verfolgt wird, bestimmte Informationen vom Gesprächspartner zu erhalten. Eine Frage muss jedoch nicht zwangsläufig eine sprachliche Aufforderung sein. Oft genügen Gesten – etwa eine gerunzelte Stirn, ein Blick oder eine Geste, die z.B. Ratlosigkeit signalisiert –, um bei einem aufmerksamen Gesprächspartner ein Antwortverhalten auszulösen.

Über die Informationsgewinnung hinaus kann man mit Fragen – verbal wie nonverbal – auch verschiedene andere Ziele verfolgen. Beispielsweise kann man mit Fragen ...

- Aufmerksamkeit hervorrufen und steuern,
- den Gesprächspartner einbeziehen und ihm damit Wertschätzung entgegenbringen,
- ihn zum Nachdenken anregen und motivieren,
- dabei helfen, jemanden zu überzeugen,
- dabei helfen, ein Gespräch in Gang zu bringen, es zu strukturieren und zu lenken und
- eine Bitte äußern.

Der nonverbale Ausdruck ist speziell in der Fragetechnik von großer Bedeutung. Theoretisch wäre das Heben der Stimme am Ende eines Fragesatzes zwar nicht notwendig, da eine Frage entweder durch ein Fragewort oder durch den Satzbau mit vorangestelltem Verb bereits ausreichend gekennzeichnet ist. Zur einfacheren Verständigung sollte eine Frage aber auch durch die Modulation der Stimme (Betonung, Tonhöhe, ansteigender Tonverlauf, gemäßigtes Sprechtempo, Sprechpausen) sowie durch Blickkontakt, aufmerksame Mimik und eine zugewandte Körperhaltung erkennbar sein.

Fragen dienen unter anderem der Gesprächssteuerung – in dieser Hinsicht haben sie also einen direktiven Charakter, der folgende Extrempole haben kann:

4 Questioning Techniques for Discussions with Employees and Job Applicants

Before we deal with the various characteristics of the personnel interview (Chapters 5 to 8), in this chapter we will first address a topic that you need to be familiarised with as a fundamental prerequisite for conducting interviews – questioning techniques.

4.1 What is the Secret to Questioning?

The use of different types of questions for the purpose of directing a discussion is called "questioning technique". A question is generally understood to be a verbal request or a sentence by which one wants to obtain certain information from the discussion partner. However, a question is not necessarily required to be a verbal request. Often, gestures are enough to prompt a discussion partner into an "answering mode" – a furrowed brow, for instance, or a particular look or gesture that signals perplexity.

Along with their informative function, questions can also be used – both verbal and non-verbal – to pursue a variety of other objectives. For example, with questions one can ...

- obtain and direct attention,
- include the discussion partner, thereby expressing appreciation,
- stimulate and motivate the interviewee to think about the topic at hand,
- help to persuade someone of something,
- help to get a discussion started, to structure and direct it, and
- express a request.

Non-verbal expression is of special significance in questioning technique. Theoretically, it would not actually be necessary to raise the tone in one's voice at the end of a question, since a questioning sentence is adequately distinguished either by a lingual interrogative or by the structure of the sentence featuring a verb at its beginning. But for simple understanding purposes, a question should also be recognisable by the modulation of the voice (stress, pitch, rising tonality, moderate speaking tempo, verbal pauses) as well as by eye contact, attentive facial gesturing and a posture that faces the other person.

Among other things, questions help to direct a discussion – in this regard, they also have a directive character that can have the following extremely opposing poles:

- Im einen Extremfall können Fragetechniken manipulativ eingesetzt werden (etwa im Verkauf).
- Demgegenüber steht eine Gesprächsführung, die sich zwar der Fragetechnik bedient, die Beeinflussung jedoch so gering wie möglich halten möchte (nondirektive Gesprächsführung).

4.1.1 Wie frage ich richtig oder Fehler beim Fragen

Wenn man davon ausgeht, dass die Qualität einer Antwort von der Art der Frage und ihrer Formulierung abhängt, ist es wichtig, sich mit einigen Grundregeln der Fragetechnik auseinanderzusetzen. Wie sollten Sie also Fragen stellen, wenn Sie ein kooperatives Gesprächsklima schaffen wollen?

> *Grundsätzlich sollten Fragen persönlich, aktivierend, kurz, konkret und offen gestellt werden.*

Weiterhin sollten Sie beim Formulieren von Fragen folgende Punkte berücksichtigen:
- Formulieren Sie das Ziel, das Sie mit der Fragestellung erreichen möchten. Manipulative Fragetechniken verbieten sich also.
- Diskutieren Sie nicht über die Fragestellung, sondern über den Inhalt der Frage.
- Formulieren Sie Ihre Fragen umkehrbar, d.h., sprechen Sie Ihren Gesprächspartner so an, wie er Sie ebenfalls ansprechen könnte. Hilfreich ist es, dabei Ich-Botschaften zu verwenden.

- *„Habe ich mich nicht richtig ausgedrückt? Ich meinte ..."* statt *„Haben Sie mich etwa falsch verstanden?"*
- *„Sind Sie sicher, dass das funktioniert?"* statt *„Das geht so nicht!"* oder *„Was Sie sagen, ist falsch!"*

- Vermeiden Sie Frageketten. Frageketten bergen das Risiko, dass sie den Befragten verwirren oder dass der Befragte nicht alle Fragen beantwortet, sondern womöglich nur die, die ihm am angenehmsten sind.
- Vermeiden Sie in Ihren Fragen die Verwendung von Schlagwörtern – sie können zu Polarisierungen oder ungewollten Assoziationen verleiten.
- Halten Sie keinen „Fragemonolog", indem Sie zu jeder Frage eine lange Einleitung halten. Das verwirrt den Befragten.
- Natürlich werden Sie nicht die ungefilterte Meinung des Befragten erhalten, wenn Sie in Ihrer Vorrede mögliche Antworten

- In an extreme case, questioning techniques can be used manipulatively (for instance, in sales).
- In contrast, there is also a form of directing a discussion that uses questioning techniques, but seeks to keep their influence as negligible as possible (non-directive discussion direction).

4.1.1 How Can I Question Correctly, or Mistakes in Questioning

If one assumes that the quality of an answer depends on the type of question and its formulation, it is important to look at a few basic rules of questioning technique. How should you pose questions when you want to create a cooperative discussion atmosphere?

> *Fundamentally, questions should be posed in a manner that is personal, activating, brief, specific and open.*

In addition, you should also observe the following points in formulating questions:
- Formulate the objective you want to attain by asking the question. This automatically rules out manipulative questioning techniques.
- Do not discuss the method of questioning, but instead the content of the question.
- Formulate your questions in a reversible manner, i.e. address your discussion partner in a way that he or she could also address you. In doing so it is helpful to use "I" messages.

- *"Perhaps I didn't express myself correctly? I meant ..."* instead of *"Did you misunderstand me?"*
- *"Are you sure that it will work?"* instead of *"That won't do!"* or *"What you're saying is wrong!"*

- Avoid question chains. Question chains conceal the risk of confusing the interviewee or of the interviewee not answering all the questions, but instead perhaps only those that he or she prefers.
- Avoid the use of catchwords in your questions – they can lead to polarisation or undesired associations.
- Do not hold a "question monologue" where you precede each question with a long introduction. This confuses the interviewee.
- Of course, you will not get the unfiltered opinion of the interviewee if you preclude possible answers in your introduction to

vorwegnehmen oder Ihre eigene Meinung verbal oder nonverbal zu deutlich zeigen. Lassen Sie also genügend Freiräume für die Antwort und reagieren Sie sofort darauf, wenn Sie bei einer Antwort vermuten, dass sie nicht der eigentlichen Meinung des Befragten entspricht, sondern sozialen Zwängen entspringt.
- Stellen Sie Ihre Fragen so, dass klar ist, worauf Sie hinauswollen. Mit diffusen Fragen verwirren Sie Ihren Gesprächspartner und erhalten vage, wenig aussagekräftige Antworten.
- Stellen Sie aber doch einmal eine diffuse Frage, kann es sein, dass Ihr Gesprächspartner nachfragt. Sie sollten also über ausreichend Hintergrundinformationen zur Fragestellung und zu verwandten Themen verfügen.
- Die Warum-Frage kann dem Befragten sehr zusetzen: Einerseits ist sie oft schwer zu beantworten, andererseits erinnert sie – kombiniert mit dem passenden Tonfall – sehr an ein Verhör. Daher gilt, ganz gleich welche Fragen Sie stellen:

> *Der Befragte sollte sich nicht verhört fühlen. Er wird sonst wahrscheinlich blockieren und zu Ausreden greifen.*

Ihr Informationsgewinn ist dann gering. Stellen Sie Ihre Fragen lieber wohlwollend.
- Manchmal kann es sinnvoll sein, eine Zwischenfrage zu stellen. Oft genug führt das allerdings auch dazu, dass sich der Befragte manipuliert fühlt und „dichtmacht". Lassen Sie Ihren Gesprächspartner also ausreden und fragen Sie erst dann gezielt nach.
- Stellen Sie keine verneinten Fragen. Antworten auf negativ formulierte Fragen sind oft mehrdeutig oder schwer zu verstehen, da es zu einer doppelten Verneinung kommen kann.

„Haben Sie den Auftrag erledigt?" ist eine klare Frage. „Haben Sie den Auftrag nicht erledigt?" ist nicht das Gegenteil davon, sondern kann auch implizieren, dass der Fragende vermutet oder unterstellt, der Befragte hätte vergessen, den Auftrag auszuführen. Ganz wichtig ist hier der Tonfall. Obwohl es sich um eine geschlossene Frage handelt, ist eine einfache Antwort mit „Ja" oder „Nein" nicht ohne weiteres möglich, da sie oft missverstanden wird.

- Stellen Sie Fragen verschiedenen Typs, um stereotype Antwortschemata zu vermeiden.

the actual question, or if you display your opinion too openly in either verbal or non-verbal terms. So leave enough free space for the answer and react immediately if you suspect that an answer corresponds to social imperatives instead of the actual opinion of the interviewee.

- Pose your questions in such way that what you want to find out is clear. Ambiguous questions confuse your discussion partner and prompt vague, less expressive answers.
- However, should you occasionally ask an ambiguous question, your discussion partner might ask you to be more specific. So you should have adequate background information on the object of the question and related topics.
- The "why question" can get on an interviewee's nerves: For one thing, such questions are often difficult to answer. Secondly, when accompanied with the corresponding tone of voice, they can be very reminiscent of an interrogation.

So the rule of thumb, regardless of the questions you are posing, is not to make the interviewee feel like they are being interrogated.

They are likely to block and grasp for excuses if you do, thus significantly reducing the amount of information you obtain. It is better to pose your questions in a well-meaning manner.

- It can sometimes make sense to pose an additional question. However, this can often also result in the interviewee feeling manipulated and "clamming up". So let your discussion partner complete what they have to say and then ask follow-up questions.
- Do not ask negated questions. Answers to negatively formulated questions are often ambiguous or difficult to understand, since they can result in a double-negative.

"Have you finished the assignment?" is a clear question. "Haven't you finished the assignment?" is not the opposite, but can also instead imply that the questioner suspects or is accusing the interviewee of having forgotten to complete the assignment. The tone of voice is vitally important here. Although it is a closed question, a simple "yes" or "no" answer is not possible, since it would often be misunderstood.

- Ask different types of questions in order to avoid stereotypical answer patterns.

- Fragen Sie strukturiert und halten Sie sich an ein Phasenschema oder besser noch an einen Interviewplan. Dem Befragten ist es so leichter möglich, Ihnen zu folgen und Ihre Fragen wunschgemäß zu beantworten.
- Tasten Sie sich langsam an das Thema und die Details heran. Beginnen Sie die Fragestellung lieber auf einem etwas höheren Abstraktionsniveau und gehen Sie nach und nach in die Tiefe.

Die Einhaltung dieser Regeln ist hilfreich und wichtig. Noch wichtiger ist jedoch Ihre Einstellung gegenüber dem Gesprächspartner:

> *Sie sollten Ihren Gesprächspartner ernst nehmen und ihm Wertschätzung entgegenbringen.*

Sofern Sie als Führungskraft mit einem Mitarbeiter sprechen, sollten Sie Ihre Positionsmacht nicht allzu deutlich zeigen, um die Distanz zwischen Ihnen und Ihrem Mitarbeiter möglichst gering zu halten und ein offenes Antwortverhalten zu fördern. Mithilfe von Körpersprache, Tonfall, der Art der gestellten Fragen und nicht zuletzt auch durch die äußeren Rahmenbedingungen des Gesprächs können Sie die Gleichwertigkeit der Gesprächspartner betonen.

4.1.2 Fragekompetenz

Die richtigen Fragen zu stellen kostet Zeit und Mühe. Als Führungskraft sollten Sie diese Zeit und Mühe unbedingt investieren, um unnötige Missverständnisse und Reibungsverluste und dadurch noch größere Verluste von Zeit und Geld zu vermeiden.

> *Als fragekompetent bezeichnet man eine Person, die es versteht, die vielfältigen Funktionen von Fragen gezielt zu nutzen, um dadurch ihre Gesprächspartner zu motivieren und selbst effizient Informationen zu sammeln.*

Um Fragen in dieser Art und Weise stellen zu können, müssen neben umfangreichem Wissen über Fragearten und Fragetechnik die folgenden Voraussetzungen erfüllt sein:
- Sie sollten die Situation und Ihren Gesprächspartner einschätzen können, um passend reagieren zu können.
- Sie sollten über ausreichend Hintergrundwissen zu dem Themengebiet, um das es geht, verfügen.

- Ask questions in a structured manner and stick to a phase scheme or, even better, to an interview plan. This makes it easier for the interviewee to "follow you" and to answer your questions in the manner you want.
- Slowly feel out the topic and the details. It is better to begin the questioning at a somewhat higher level of abstraction, gradually proceeding toward more detail.

Complying with all of these rules is helpful and important. But what is even more important is your attitude towards your discussion partner:

> *You should take your discussion partner seriously and grant them your appreciation.*

If you are a manager speaking with an employee, then you should not demonstrate your position of power too strongly in order to keep the distance between yourself and your employee as small as possible and to promote a kind of answering conduct that is open. With the aid of body language, tone of voice, the type of questions asked and, last but not least, the external framework conditions of the discussion, you can emphasise the equality of your discussion partner.

4.1.2 Competence in Questioning

Posing the right questions takes time and effort. As a manager, you should by all means invest this time and effort in order to avoid unnecessary misunderstandings and friction loss, and consequently even greater losses of time and money.

> *"Competent questioners" are persons who understand how to consciously use the diverse functions of questions to motivate their discussion partners and to efficiently collect information for themselves.*

To pose questions in this way, the following conditions must be fulfilled in addition to having extensive knowledge about question types and questioning techniques:
- You should be able to assess both the situation and your discussion partner so as to be capable of reacting appropriately.
- You should have sufficient background knowledge on the subject area in question.

Fragekompetenz bei Interviews mit Angehörigen einer fremden Kultur – Beispiel Frankreich

Fragekompetenz ist in doppelter Hinsicht erforderlich, wenn Sie eine Person aus einem anderen Kulturkreis interviewen, denn von Kultur zu Kultur gibt es große Unterschiede hinsichtlich dessen, was es sich zu fragen schickt und was nicht. Schauen wir uns hierzu beispielhaft die französische Kultur an, denn Frankreich liegt zwar an der Grenze zu Deutschland; auch hier lauern aber einige Fettnäpfchen, die es zu vermeiden gilt:

Wichtig für Bewerbungsgespräche in Frankreich
- Franzosen legen großen Wert auf Höflichkeit und eine geschliffene Rhetorik. Reden Sie Ihr Gegenüber daher stets mit Titel an und fügen Sie bei Begrüßung und Verabschiedung sowie bei sehr kurzen Antworten ein „Monsieur" bzw. „Madame" hinzu. Auch Adelstitel spielen noch eine große Rolle.
- Das französische Hochschulsystem ist sehr elitär – der Name der Universität zählt mehr als die Abschlussnoten des Bewerbers.
- Seien Sie zurückhaltend in Bezug auf persönliche Themen – die Grenze zum außerberuflichen Bereich wird in Frankreich nur selten und auch nur in oberflächlicher Weise überschritten.

Wichtig für Mitarbeitergespräche in Frankreich
- Vermeiden Sie direkte Konfrontation und Kritik. Ein direktes Nein oder offene Ablehnung wirkt extrem unfreundlich; wer offen tadelt, gilt als arrogant. Konflikte werden daher oft heruntergespielt.
- Traditionell geht in französischen Unternehmen alle Entscheidungsbefugnis vom „Patron", dem allgegenwärtigen Chef, aus; der Führungsstil ist oftmals autoritär. Delegieren ist weitgehend unbekannt.
- Auch Teamarbeit und Gruppenkonsens haben eine geringere Bedeutung als in Deutschland. Sehr wichtig sind dagegen soziale Netze und persönliche Kreativität als Einzelleistung.
- Arbeitsergebnisse entstehen eher über persönliche Gespräche und Flexibilität als durch schematisches Abarbeiten festgelegter Tagesordnungspunkte.

Competence in Asking Questions in Interviews with Persons from a Foreign Culture – Example: France

Competence in how you pose questions is particularly important when interviewing persons from another cultural background, because there are very significant differences from culture to culture regarding which questions or question types are appropriate. As an example, let us examine the French culture, because while France borders Germany, there are still many pitfalls to be avoided:

What is Important for Job Interviews in France
- The French have a great appreciation for courtesy and sophisticated rhetoric. Therefore, always address your interview partner by their title and, when greeting, bidding farewell or answering in very short phrases, always add a "Monsieur" or "Madame". Titles of nobility also continue to play a great role.
- The French secondary education system is very elitist – the name of the university counts more than the applicant's final grade.
- Exercise restraint in regard to personal matters – in France, the border to one's private life is rarely crossed, and then only in a superficial manner.

What is Important for Employee Discussions in France
- Avoid direct confrontation and criticism. A direct "No" or open rejection comes off as extremely unfriendly; people who reprimand openly are seen as arrogant. Conflicts are therefore often played down.
- Traditionally, the decision-making authority in French companies emanates from the "Patron", the omnipresent boss; the management style is frequently authoritarian. Delegation is for the most part an unknown practice.
- Teamwork and group consensus are also less significant than in Germany. In contrast, social networks and personal creativity as an individual achievement are very important.
- Work results are more likely to emerge through personal talks and flexibility than through schematically working through established agenda points.

- Außerdem ist es sehr hilfreich, **schnell schlussfolgern und reagieren zu können**.

Fragekompetenz bezeichnet nicht die Fähigkeit, jemanden auszutricksen und ihm Bekenntnisse zu entlocken, die man für eigene Zwecke verwenden kann. Fragekompetenz zeigt sich ganz im Gegenteil darin, dass beide Gesprächspartner ihre Ziele erreichen, ohne dass der Interviewer unfair handelt oder dem Interviewten zu nahe tritt.

Um dieses Ideal zu erreichen, ist ein hoher Grad an Reflexionsfähigkeit notwendig. Der Fragende muss sein eigenes Gesprächsverhalten ständig im Auge behalten und analysieren, um die richtigen Fragen auf die richtige Art und Weise stellen zu können.

4.2 Fragekategorien und -typen in der Fragetechnik

Es gibt eine Vielzahl unterschiedlicher Fragetypen. Um die nötige Übersichtlichkeit zu gewährleisten, werden die Fragen im Folgenden in verschiedene Kategorien eingeteilt, innerhalb derer wiederum einzelne Fragetypen differenziert werden. Diese Kategorien lassen sich manchmal nicht trennscharf unterscheiden, weshalb einige Fragetypen, da sie verschiedene Merkmale aufweisen, mehreren Kategorien zugeordnet werden.

4.2.1 Direkte und indirekte Fragen

Direkte Fragen enden immer mit einem Fragezeichen. Dazu zählen etwa die klassischen W-Fragen, die mit einem Fragewort (wer, wie ...) beginnen. Wenn auch noch die Betonung stimmt, dann sind direkte Fragen für den Gefragten sehr leicht als solche erkennbar. Abgesehen von einigen Ausnahmen sind direkte Fragen unmissverständlich und haben einen eindeutigen Aufforderungscharakter. Es ist klar ersichtlich, dass eine Antwort erwartet wird.

Direkte Fragen können somit gut zur Gesprächssteuerung eingesetzt werden.

Indirekte Fragen haben dagegen nicht die grammatische Form einer Frage, sie beginnen nicht mit einem Fragewort und in geschriebener Form steht kein Fragezeichen am Ende – gleichwohl haben sie den Charakter einer Frage. Aufgrund dieser Uneindeutigkeit können indirekte Fragen leichter, vielleicht auch absichtlich überhört werden. Kenntlich gemacht werden indirekte Fragen vor allem durch eine ansteigende Satzmelodie und Blickkontakt. Sie haben

- It is also very helpful if you can quickly reach conclusions and react.

The term "questioning competence" does not mean the ability to trick someone into divulging information that can be used for one's own purposes. On the contrary, questioning competence is demonstrated when both discussion partners reach their objectives without the interviewer treating the interviewee unfairly or overstepping the line by becoming too personal.

A great capacity to reflect on one's own behaviour is required in order to reach this ideal. The interviewer must constantly observe and analyse their own conduct to be able to ask the right questions in the right way.

4.2 Question Categories and Question Types in Questioning Technique

There is a large variety of question types. In order to guarantee the necessary clarity, in the following sections questions are divided into different categories that are then subdivided again into individual question types. These categories are not always fully distinguishable, which is why some question types are attributed to more than one category, since they demonstrate different characteristics.

4.2.1 Direct and Indirect Questions

Direct questions always end with a question mark. These comprise the classic question beginning with a lingual interrogative (who, how …). If the verbal tonal emphasis is also correct, then direct questions are very easily recognisable for the interviewee. With a few exceptions, direct questions are unmistakable and feature a clear request character. It is obvious that an answer is expected.

> *Direct questions can therefore be used effectively to direct a discussion.*

In contrast, indirect questions do not have the grammatical form of a question; they do not begin with an interrogative, and in written form, there is no question mark at the end – yet they still have the character of a question. Due to this ambiguity, indirect questions are more easily overheard, both unconsciously and intentionally. Indirect questions are primarily recognisable through the rising tone or "melody" of the sentence and through eye contact. Their

eine geringere steuernde Wirkung als direkte Fragen – vergleichen Sie dazu das folgende Beispiel:

> Direkte Fragen: „Wann haben Sie die Anlage in Betrieb genommen?"
> Indirekte Frage: „Mich würde interessieren, wann die Anlage in Betrieb genommen wurde."

4.2.2 Offene und geschlossene Fragen

Die bekannteste Kategorisierung von Fragetypen dürfte die Einteilung in offene und geschlossene Fragen sein, wobei offene Fragen manchmal auch als Ergänzungsfragen und geschlossene Fragen als Entscheidungsfragen bezeichnet werden (vgl. Kap. 4.2.2).

Offene oder Ergänzungsfragen

Offene Fragen beginnen mit einem Fragewort, welches eine mehr oder weniger ausführliche Antwort erfordert, die durch die Fragestellung nicht prinzipiell eingeschränkt ist. Eine Antwort mit „Ja" oder „Nein" bzw. in einem Wort ist nur in Ausnahmefällen möglich.

Mit einer offenen Frage lassen Sie dem Befragten einen großen Freiraum. Sie beteiligen den Angesprochenen inhaltlich und persönlich, fordern ihn auf, aktiv zu werden und Stellung zu nehmen.

Da offene Fragen ein echtes Interesse am Gesprächspartner ausdrücken und diesen nicht einengen, werden sie als partnerschaftlich und wertschätzend erlebt.

Sie haben folglich auch für die Beziehungsebene des Gesprächs eine große Bedeutung. Als Interviewer kann Ihnen das Gespräch allerdings auch entgleiten, wenn Sie zu viele offene Fragen stellen – nämlich dann, wenn der Befragte dazu tendiert, vom Thema abzuschweifen. Um das zu verhindern, sollten Sie das Gespräch aufmerksam beobachten und gegebenenfalls steuernde Fragen stellen, um das Gespräch wieder auf die von Ihnen vorgesehene Bahn zu bringen (vgl. Kap. 4.2.4). Offene Fragen können Sie u.a. mit folgenden Fragewörtern einleiten:

Fragewort	Bezug
• Wer, was, welcher, wem, wen, wessen?	Fragen nach Personen

directive effect is not as great as that of direct questions – to illustrate this, compare the following example:

> Direct Question: "When did you start up the system?"
> Indirect Question: "I would be interested to know when the system was started up."

4.2.2 Open and Closed Questions

Without a doubt, the most well-known categorisation of question types would have to be the division into open and closed questions, whereby open questions are sometimes designated as "supplementation questions" and closed questions are known as "decision questions" (on this, also cf. Chapter 4.2.2).

Open or Supplementation Questions

Open questions begin with an interrogative, requiring a more or less comprehensive answer that, in principle, is not limited by the formulation of the question. An answer with "yes" or "no" or a one-word answer is only possible in exceptional cases.

With an open question, you give the interviewee more free space. You involve the interviewee both personally and in terms of content, requesting in essence that they become active and respond.

> *Open questions are perceived in a partner-like and appreciative way, since they express a genuine interest in the discussion partner without restriction.*

Consequently, they are also of great significance for the relationship level. However, as the interviewer, you can also lose control of the discussion if you ask too many open questions, namely if the interviewee has a tendency to stray from the topic. To prevent this, pay close attention to the discussion and pose directive questions if need be to bring the discussion back onto the desired track (cf. Chapter 4.2.4). You can introduce open questions with the following interrogatives, among others:

Interrogative	Reference
• Who, what, which, whose?	Questions about persons

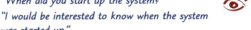

• Was für ein ...?	Fragen nach der Beschaffenheit, Eigenschaft
• Wo, wohin, woher?	Fragen nach dem Ort
• Wann, wie lange, wie oft?	Fragen nach der Zeit
• Wie viele?	Fragen nach der Menge
• Wie, womit, wofür?	Fragen nach der Methode
• Weshalb, warum, wieso?	Fragen nach der Ursache
• Woran, wobei, wogegen, wonach, wozu? Für was, mit was?	Fragen nach Sachverhalten

Eine besondere, verdeckte Form der offenen Frage liegt in folgendem Beispiel vor:

„Können Sie mir erklären, wie der hohe Ausschuss an der Maschine HK512 zustande kommt?"

Auf den ersten Blick könnte man meinen, es handele sich bei der Frage im obigen Beispiel um eine klassische Entscheidungsfrage (s.u.), auf die der Befragte nur mit „Ja" oder „Nein" zu antworten braucht. Aber: Die Frage ist zwar so formuliert, dass – rein logisch betrachtet – eine Antwort mit „Ja" oder „Nein" korrekt wäre; tatsächlich aber wird hier eine offene Frage formuliert. Diese Frageform wird oft benutzt, wenn der Fragende sehr höflich sein möchte. Da dieser Fragetyp nicht sonderlich zielführend ist und aufgrund seiner unklaren Formulierung viel Aufmerksamkeit vom Befragten erfordert, sollten Sie ihn vermeiden. Besser wäre, um bei obigem Beispiel zu bleiben, folgende Formulierung: *„Erklären Sie mir bitte, wie der hohe Ausschuss an der Maschine HK512 zustande kommt."*

Geschlossene oder Entscheidungsfragen

Geschlossene Fragen beginnen mit einem Verb. Sie lassen nur wenige Antwortmöglichkeiten zu – in den meisten Fällen nur „Ja" oder „Nein". Sie eignen sich gut, um den Wahrheitsgehalt des in der Frage formulierten Sachverhalts zu überprüfen.

Durch die begrenzten Antwortmöglichkeiten zwingen geschlossene Fragen den Gesprächspartner zu einer eindeutigen Stellungnahme. Aufgrund ihres einschränkenden Charakters wirken sie **stark steuernd**. Diese Steuerung kann helfen, das Gespräch zu len-

• What (object) …?	Questions about properties, characteristics
• Where, where to, from where?	Questions about place
• When, how long, how often?	Questions about time
• How many, how much?	Questions about quantity
• How, with what, what for?	Questions about method
• Why, how come?	Questions about cause
• What is, in which, against what, to what end? For what, with what? etc …	Questions about factual matters

The following example contains a concealed form of the open question:

> *"Can you explain to me how the high degree of rejects occurs in the HK512 machine?"*

At first glance, one might think that the question in the above example represents a classic decision question (see below) which the person being questioned only needs to respond to with "yes" or "no". However, while the question is indeed formulated in such a way that – in purely logical terms – an answer with "yes" or "no" would be correct as such, the fact is that an open question is formulated in this case. This form of question is used frequently when the questioner wants to be especially polite. Since this type of question is not particularly objective-oriented and, due to its formulation, requires a great deal of attentiveness on the part of the interviewee, it is better avoided. The better alternative for formulating the question in the example above would be: *"Please explain to me how the high degree of rejects occurs in the HK512 machine."*

Closed or Decision Questions

Closed questions begin with a verb. They only permit limited possibilities for answering – in most cases only "yes" or "no". They are well-suited for examining the truthfulness of the content on the matter formulated in the question.

The limited answering possibilities inherent in closed questions force the discussion partner to respond clearly. They have a heavily directive character due to their restrictive nature. This directiveness

ken und zu strukturieren oder die Aufmerksamkeit des Gesprächspartners auf einen bestimmten Punkt zu fokussieren. Sie kann aber auch Widerstand hervorrufen, wenn sich der Befragte zu stark eingeschränkt fühlt.

Mit geschlossenen Fragen zwingen Sie den Befragten, sich kurz zu fassen, Sie sparen Zeit und haben die Fäden des Gesprächs in der Hand. Allerdings erhalten Sie in der Regel keine neuen oder weiterführenden Informationen und riskieren, dass der Gesprächspartner sich ausgefragt und verhört fühlt.

Geschlossene Fragen können in diesen Varianten auftreten:

- Bei der klassischen Entscheidungsfrage muss zur Bestätigung mit „Ja" und zur Verneinung mit „Nein" geantwortet werden. Je nach Situation können auch andere Antwortwörter verwendet werden (verstärkend z.B. „Gewiss", „Sicher" oder „Keineswegs"; abschwächend beispielsweise „Vielleicht", „Möglicherweise" oder „Kaum").

- Auf eine verneinte Frage (z.B. *„Haben Sie den Vorgang nicht geprüft?"*) muss zur Bestätigung mit „Nein" und zur Verneinung mit „Ja" oder „Doch" geantwortet werden. Da es so zu doppelten Verneinungen kommen kann, ist diese Frageform verwirrend und missverständlich. Sie sollte also vermieden werden.

- Die Vergewisserungsfrage mit „nicht" verhält sich – im Gegensatz zur verneinten Frage – wie die klassische Entscheidungsfrage. Das „nicht" dient der zusätzlichen Bestätigung der Frage. Der Fragesteller will sich vergewissern, dass der Befragte seine Meinung teilt. Das „nicht" muss in einer Vergewisserungsfrage unbetont bleiben, sonst ändert sich die Bedeutung der Frage (Beispiel: *„Hat die Unternehmensleitung das nicht richtig entschieden?"*).

- Auch ein Aussagesatz kann – durch Anheben der Stimme am Satzende – als Entscheidungsfrage gestellt werden und die Antwort „Ja" oder „Nein" erfordern. Derart formulierte Fragen dienen der Vergewisserung und Bestätigung. Der Fragende nimmt an, dass der von ihm formulierte Sachverhalt stimmt, will sich aber vergewissern, ob der Befragte zustimmt oder seine Meinung teilt (Beispiel: *„Sie beherrschen doch das Office-Paket?"*).

can aid in guiding and structuring the discussion or in focusing the attention of the discussion partner onto a specific point. They can however also cause resistance if the interviewee feels overly restricted.

Closed questions force the interviewee to be brief, saving you time and keeping the reins of the discussion in your hands. Nevertheless, they generally do not help you to obtain any new or additional information, and they run the risk of making the discussion partner feel "questioned-out" and interrogated.

Closed questions can appear in different varieties:

- In the classic decision question, the affirmative must be answered with "yes" and the negative with "no". Depending on the situation, other answering words can also be used (reinforcing – for example "Certainly", "Sure" or "Under no circumstances"; weakening – for example "Maybe", "Possibly" or "Hardly").

- In response to a negated question (for example, "Didn't you inspect the process?"), the affirmative has to be answered with "no" and the negative with "yes" or a similar affirmative (e.g., "Sure", "I did", "Of course", etc.). Since it can lead to double-negatives, this form of question is confusing and can be misunderstood, and is therefore better avoided.

- The confirmation question with "not" behaves – in contrast to the negated question – like the classic decision question. The "not" serves as additional confirmation of the question. The questioner wants to confirm that the interviewee shares his or her opinion. The "not" in a confirmation question must not be stressed; otherwise the meaning of the question changes. (Example: *"Didn't top management make the right decision on that?"*)

- By raising the tone of the voice at the end, even a declarative sentence can be posed as a decision question requiring the answer "yes" or "no". Questions formulated in this way serve the purpose of ascertainment and confirmation. The questioner presumes that the factual matters he or she formulates are correct, but wants to determine whether the interviewee agrees or shares this opinion (Example: *"You do know how to operate the Office Package?"*).

- Die Alternativfrage mit „oder" wird oft als eigene Fragekategorie angesehen. Es liegt jedoch nahe, sie auch den geschlossenen Fragen zuzurechnen, da sie aus zwei oder mehr mit „oder" verbundenen Entscheidungsfragen besteht und damit das Antwortspektrum stark einschränkt. Alternativfragen werden auch als halbgeschlossene Fragen bezeichnet. Im Gegensatz zu den vorgenannten Fragetypen kann eine Alternativfrage nicht mit „Ja" oder „Nein" beantwortet werden: Als Antwort kommt lediglich eine der vorgeschlagenen Alternativen infrage. Um Ihren Gesprächspartner nicht zu verwirren, sollten Sie als Fragender nicht mehr als vier Möglichkeiten vorschlagen.

- Geschlossene W-Fragen sind Wissensfragen. Sie implizieren eine Antwortvorgabe: Der Antwortende ist von vornherein z.B. auf eine Ortsangabe, einen Namen, die Uhrzeit oder eine Stückzahlangabe und damit oft auch auf ein einziges Wort als Antwort eingeschränkt.

- Die Paraphrasierung ist eine umfangreichere Form der geschlossenen Frage: Der Fragende fasst die Antworten zu einem Thema kurz zusammen; der Antwortende muss lediglich die Korrektheit der Zusammenfassung bestätigen. Dadurch kann das ganze Gespräch zusammengefasst werden und Missverständnissen wird rechtzeitig vorgebeugt. Paraphrasierungen verbessern das Gesprächsklima und ermöglichen eine wertschätzende Steuerung des Gesprächs, zum Beispiel auf das nächste Thema (Beispiel: *„Habe ich Sie richtig verstanden, dass Sie jetzt besonders darauf achten, bürokratische Strukturen abzubauen?"*).

4.2.3 Explorative Fragen

Als explorativ bezeichnet man solche Fragen, die dem eigentlichen Interviewziel dienen, nämlich Informationen zu erlangen. Sie haben nur in geringem Umfang eine steuernde Funktion. Explorative Fragen kommen in den unterschiedlichsten Varianten vor, sodass die folgende Aufzählung zwangsläufig unvollständig bleiben muss:

Meinungs- und Einschätzungsfragen und Motivfragen

Bei diesen Fragetypen steht die subjektive Sichtweise des Gesprächspartners im Mittelpunkt:

- Mit Meinungs- und Einschätzungsfragen erkundigt man sich nach der Ansicht des Gesprächspartners zu einem Thema

- The alternative or "multiple-choice" question featuring "or" is often viewed as a question category in its own right. But it also makes sense to allocate it to closed questions, since it consists of two or more decision questions linked together with "or", subsequently restricting the answer spectrum significantly. Alternative questions are also sometimes referred to as "half-closed questions". In contrast to the question types previously specified, an alternative question cannot be answered with "yes" or "no": Only one of the suggested alternatives is available as an answer. To avoid confusing your discussion partner, as the questioner, you should not suggest more than four possibilities.

- Closed "how-when-why, etc." questions are knowledge questions. They imply a prescribed answer: The person answering is limited right from the start to, for example, a place name, an individual's name, the time or a quantity specification and therefore frequently to a single word as the answer.

- Paraphrasing is a more expansive form of the closed question: The questioner provides a brief summary of the answers to a particular topic; the person answering only has to confirm the accuracy of the summary. In this way, the entire discussion can be summarised and misunderstandings can be pre-empted early. Paraphrasing improves the discussion atmosphere and enables the discussion to be directed in an appreciative manner to the next topic, for instance (example: *"Did I understand you correctly that you are now paying special attention to reducing bureaucratic structures?"*).

4.2.3 Explorative Questions

Questions serving the actual objective of the interview, i.e. obtaining information, are known as "explorative questions". They only have a directive function to a limited degree. Explorative questions come in so many different forms that the following list can only ever be incomplete:

Opinion and Estimate Questions, Motive Questions

The subjective point of view of the discussion partner is the focus of these question types:

- Opinion and estimate questions are used to get information about the views of the discussion partner on a particular topic

(Beispiel: *„Was halten Sie von dieser Sache?"* oder *„Wie sehen Sie dieses Problem?"*).
- Die Motivfrage erkundet die Beweggründe und Bedürfnisse des Gesprächspartners (Beispiel: *„Welchen Sinn hat diese Maßnahme für Sie?"* oder *„Welche Wünsche haben Sie bezüglich der Umstrukturierung?"*).

Fragen, die sachliche Aspekte in den Mittelpunkt stellen
Während Meinungs-, Einschätzungs- und Motivfragen subjektive Aspekte betreffen, stellen folgende explorative Fragetypen objektive, sachliche Aspekte in den Mittelpunkt:

	Kurzbeschreibung	Beispiele
Nutzwertfragen	Der sachliche Vorteil des Befragten wird eruiert.	• *„Was möchten Sie mit den zusätzlichen Ressourcen unternehmen?"*
Kontrollfragen	Zahlen, Daten oder Fakten werden überprüft. Prinzipiell lassen sich alle Sachverhalte so prüfen.	• *„Wie groß ist die Produktionskapazität des Werkes?"* • *„Wie hoch ist noch gleich der Krankenstand?"* • *„Habe ich Sie richtig verstanden, dass die Qualität der wichtigste Aspekt ist?"*
Referenzfragen	Ein Bezugsrahmen oder wichtige Bezugspersonen/Vorbilder werden abgefragt.	• *„Woran orientieren Sie sich bei Ihrer Arbeit als Qualitätsmanager?"* • *„Welche Führungsphilosophie verfolgen Sie?"*
Gegenfragen	Kann zur Präzisierung eingesetzt werden, aber natürlich auch zur Konfrontation. Gilt meist als unhöflich.	• *„Wie meinen Sie das?"*
Aufforderungsfragen	Haben einen allgemeinen Aufforderungscharakter und bieten ein großes Antwortfeld. Das Antwortverhalten lässt sich nicht steuern. Als Einstiegsfragen geeignet.	• *„Welche Erwartungen haben Sie bezüglich der Umstrukturierung?"* • *„Was können Sie uns über Ihren bisherigen Berufsweg erzählen?"*

(example: *"What do you think about this?"* or *"How do you see this problem?"*).
- The motive question enquires about the motives and needs of the discussion partner (example: *"What is the point of this measure for you?"* or *"What are your wishes regarding the restructuring?"*).

Questions Focused on Factual Aspects

While opinion, assessment and motive questions are related to subjective aspects, the following explorative question types focus on objective, factual aspects:

	Brief description	**Examples**
Utility value questions	The tangible benefit to the interviewee is elicited.	• *"What do you want to do with the additional resources?"*
Control questions	Figures, data or facts are examined. In principle, all factual matters can be examined in this way.	• *"How big is the production capacity of the plant?"* • *"What is the current level of sick leave?"* • *"Did I understand you correctly as saying that quality is the most important aspect?"*
Reference questions	A frame of reference or important reference persons / reference models are enquired of.	• *"What's your orientation reference for your work as Quality Manager?"* • *"What's your preferred management philosophy?"*
Counter-questions	Can be used to request more precision, but can, of course, also be used for confrontation. Generally viewed as impolite.	• *"What do you mean by that?"*
Request questions	Feature a general request character and offer a broad answering range. The answering conduct cannot be directed. Suitable as introductory questions.	• *"What do you anticipate from the restructuring?"* • *"What can you tell us about your career up to now?"*

Stimulierungsfragen	Ein Lob, ein Kritikpunkt oder ein Verweis auf eine bekannte Situation bezüglich des Sachverhaltes bezieht Emotionen in das Thema ein.	• „Sie kennen doch sicher die Auswirkungen, welche diese Maßnahmen bei der Beispiel AG gehabt haben?"
Motivationsfragen	Durch eine zuwendende Formulierung, zum Beispiel ein Lob, wird der Befragte ermuntert und bestätigt.	• „Die Einführung der neuen Produktlinie ist Ihnen gut gelungen, was ist Ihr Erfolgsrezept?" • „Wie soll es nach der Abteilungsleitung für Sie weitergehen?"
Autoritätsfragen	Direkte oder indirekte Kritik oder auch gegensätzliches Verhalten oder gegensätzliche Auffassungen anderer werden in der Frage aufgenommen. Der Fragende bleibt nach außen hin neutral und äußert keine Kritik. Dadurch fühlt sich der Befragte nicht persönlich vom Fragenden angegriffen.	• „Kritiker behaupten, dass die neueste Qualitätsoffensive keinen Erfolg haben wird. Was können Sie dem entgegensetzen?" • „Der Vorsitzende der Gewerkschaft hat sich in einem Rundfunkinterview gegen die von Ihnen geplanten Maßnahmen ausgesprochen. Was sagen Sie dazu?"
Angriffsfragen	Durch Inhalt und Betonung der Frage wird Druck aufgebaut, der den Gesprächpartner zu einer Erklärung motiviert. Eignet sich u.U. bei souveränen („aalglatten") Gesprächspartnern.	• „Versuchen Sie hier, die kritischen Punkte zu umgehen?" • „Wollen Sie sich etwa vor diesem unangenehmen Thema drücken?"

Balkonfragen

Einige der in der Übersicht aufgeführten Fragetypen sind Balkonfragen. Sie bestehen aus zwei sehr unterschiedlichen Teilen, und zwar aus …

- einer Einleitung – Balkon genannt –, die der Hinleitung zum Thema dient, wichtige Grundinformationen enthält oder auf bestimmte Situationen, Personen oder Sachverhalte verweist, und
- der eigentlichen Frage als Aufforderung zur Stellungnahme.

Questioning Techniques

Stimulation questions	Praise, a point of criticism or a reference to a known situation related to the subject matter involves emotions in the topic.	• *"Surely you're familiar with the effects these measures had at Sample Inc.?"*
Motivation questions	Using a formulation favourably attentive to the interviewee, e.g. praise, encourages and reassures the interviewee.	• *"You did a great job introducing the new product line, so what's the secret of your success?"* • *"What's on your horizon when you move on from managing the department?"*
Authority questions	Direct or indirect criticism or also conflicting conduct or attitudes of others are contained in the question. Externally, the questioner remains neutral and expresses no criticism. In this way, the interviewee does not feel under personal attack from the questioner.	• *"Critics are suggesting that the latest quality offensive will not be successful. How can you counter that?"* • *"In a radio interview, the union spokesperson challenged the measures you have planned. What do you say to that?"*
Attacking questions	The content and accentuation of the question build up pressure which is designed to motivate the discussion partner to make a statement or give an explanation. Can be suitable in certain circumstances for overconfident ("ice-cold") discussion partners.	• *"Are you trying to avoid the critical points on this?"* • *"Could it be that you're trying to dodge this unpleasant topic?"*

Balcony Questions

Some of the question types listed in the overview are "balcony questions". These consist of two very different parts, namely ...
- an introduction – called a "balcony" – serving as a "door opener" to the topic and containing important basic information or referring to certain situations, persons or factual matters, and
- the actual question as a request for a response.

Durch diese Art zu fragen beugen Sie Missverständnissen vor und schaffen eine gemeinsame Gesprächsbasis.

Außerdem helfen Balkonfragen dabei, das Thema abzustecken, um das es im Gespräch gehen soll. Allerdings besteht die Gefahr, dass die lange Einführung den Befragten verwirrt: Er hört womöglich nicht mehr richtig zu, seine Gedanken schweifen ab; vielleicht beschäftigt er sich sogar schon mit seiner Antwort, welche dann womöglich nicht mehr zur Frage passt.

Beispiel: *„Die Fluktuationsquote hat sich in Ihrem Bereich in den letzten fünf Jahren kontinuierlich erhöht, obwohl verschiedene Maßnahmen zur Humanisierung der Arbeit durchgeführt wurden. Was sagen Sie dazu?"*

Skalierende Fragen

Mit skalierenden Frage können Sie versuchen, Meinungen, Auffassungen oder Einschätzungen hinsichtlich eines Gesprächsgegenstandes zu quantifizieren und eindeutiger fassbar zu machen. Messtheoretisch sind skalierende Fragen sicherlich fragwürdig; dennoch helfen sie dabei, den Standpunkt einer Person klar zu erkennen oder Sachverhalte genauer zu differenzieren.

Der Befragte wird durch skalierende Fragen gezwungen, einen klaren Standpunkt zu beziehen und Verallgemeinerungen zu unterlassen.

- *„Wie schätzen Sie Ihre Teamfähigkeit auf einer Skala von eins bis zehn ein?"*
- *„Wie hoch ist derzeit Ihre Bereitschaft, Überstunden zu machen, auf einer Skala von eins bis zehn?"*
- *„Für wie wichtig halten Sie die Durchführung des Seminarpaketes auf einer Skala von null bis hundert Prozent?"*

Hypothetische Fragen

Hypothetische Fragen („Was wäre, wenn ..."-Fragen) beziehen sich auf eine fiktive Situation. Obwohl solche Fragen sich nicht eng an der Realität orientieren, bringen sie einen großen Nutzen: Der Befragte kann auf hypothetische Fragen freier antworten, da er sich nicht an bewusste oder unbewusste Barrieren oder Denkblockaden halten muss. Zudem lassen sich mit ihrer Hilfe Möglichkeiten abklären, die in Zukunft ja nicht länger fiktiv bleiben müssen.

Werten Sie die Antworten auf solche Fragen aber vorsichtig aus, da zwischen dem, was jemand „hypothetisch" antwortet, und dem, was er dann wirklich tut, große Unterschiede bestehen können.

With this type of questioning, you can prevent misunderstandings and create a mutual basis for discussion.

Furthermore, balcony questions help to mark out a topic so that it can bring forth a discussion. There is the danger however that the long introduction confuses the interviewee: They become distracted and do not listen precisely; perhaps they are already thinking about their answer which now might not even be appropriate for the question anymore.

Example: *"Employee turnover in your department has continually been on the rise for the last five years although a variety of measures have been conducted in the interest of 'humanising' the work. How do you respond to that?"*

Scaling Questions

Scaling questions can be used to quantify opinions or assessments regarding a topic of discussion and to make them clearly comprehensible. For theoretical measuring purposes, scaling questions are certainly questionable; still, they help in clearly recognising a person's viewpoint or in more precisely differentiating factual matters.

Scaling questions force the interviewee to refrain from generalisations and to take a clear position.

- *"On a scale from one to ten, how would you rate your ability to work within a team?"*
- *"On a scale from one to ten, how willing are you to do overtime?"*
- *"On a scale from zero to one-hundred, how important do you think is it to implement the seminar packet?"*

Hypothetical Questions

Hypothetical questions ("What if ..." questions) are related to a fictitious situation. Although such questions are not closely reality-oriented, they still serve a very useful purpose: The interviewee can answer hypothetical questions freely, since he or she is not required to comply with conscious or unconscious barriers or mental blocks. They additionally help in clarifying possibilities that might become reality in the future.

Nevertheless, evaluate the answers to such questions carefully, since there can be huge differences between what someone answers "hypothetically" and what they actually do.

- „Gesetzt den Fall, das Projekt würde ein Erfolg: Welche neuen Handlungsmöglichkeiten entstünden dann für Sie?"
- „Wären Sie motivierter, wenn Sie ein Einzelbüro hätten?"
- „Stellen Sie sich vor, zwei Ihrer besten Mitarbeiter hätten Streit: Wie würden Sie mit der Situation umgehen?"
- „Angenommen ein Projekt erforderte, dass Sie für zwei Jahre ins Ausland müssten: Wie würden Sie sich verhalten?"

Wunderfragen

Die Wunderfrage eröffnet wie die hypothetische Frage neue Sichtweisen und Möglichkeiten. Sie ist nach folgendem Schema aufgebaut: „Wenn jetzt ein Wunder geschieht und ... Was wäre dann?"

- „Wenn jetzt ein Wunder geschähe und die technischen und finanziellen Probleme gelöst wären, was gäbe es dann noch zu tun?"
- „Angenommen, ein Zauberer würde Ihnen einen Wunsch erfüllen: Welcher wäre das?"
- „Was würden Sie sich wünschen, wenn Sie drei Wünsche frei hätten?"

Mit der Wunderfrage erhalten Sie Informationen über angestrebte Zielzustände.

Zirkuläre Fragen

Zirkuläre Fragen beziehen sich auf die bekannte oder vermutete Perspektive einer anderen Person – z.B.: „Was, glauben Sie, hält Ihr Chef von Ihnen?"

Derartige Fragen können einerseits dazu dienen, eine Außenperspektive einzubeziehen und dadurch einen neuen Blickwinkel zu gewinnen. Andererseits werden sie nicht zwangsläufig mit der Intention gestellt, etwas über die Meinung der einbezogenen Person (im Beispiel des Chefs) in Erfahrung zu bringen. Häufig strebt der Interviewer vielmehr an, dass der Befragte mit seiner Antwort etwas über sich selbst aussagt.

Zirkuläre Fragen können helfen, Sachverhalte zu thematisieren, die noch nicht angesprochen wurden. Das kann sowohl zu neuen Ideen, Einsichten und Handlungsspielräumen als auch zu Konflikten führen. Zirkuläre Fragen sind oft schwer zu beantworten.

- „Was, glauben Sie, denkt Ihr Team von Ihnen?"
- „Was, glauben Sie, denkt Ihr Kollege von Ihrem Chef?"

- "Let's assume that the project is successful: What new courses of action might arise for you then?"
- "Would you be more motivated if you had your own office?"
- "Imagine that two of your best employees were involved in a dispute with one another: How would you deal with the situation?"
- "Let's say a project required that you would have to transfer abroad for two years: What would you do?"

"Miracle" Questions

Like the hypothetical question, the "miracle" question also opens up new points of view and possibilities. It is structured as follows: *"If a miracle happened now and ... what would you do?"*.

- "If a miracle happened now and the technical and financial problems were solved, what would need to be done then?"
- "Imagine that a genie granted you one wish: What would it be?"
- "If you had three wishes, what would they be?"

The "miracle" question obtains information about desired objective situations.

Circular Questions

Circular questions are related to the known or suspected perspective of another person – for example: *"What do you think your boss thinks of you?"*

Questions like this can serve on the one hand to obtain an external perspective and thereby to acquire a new angle. On the other hand, they are not necessarily put with the intention of finding out something about the opinion of the person specified (in the example with the boss, for instance); instead, the interviewer often seeks to prompt the interviewee to answer with a statement related to themselves.

Circular questions can aid in broaching matters that previously have not featured in the interview. This can lead to new ideas, viewpoints and possibilities for further action, but also to conflicts. Circular questions are often difficult to answer.

- "What do you think your team thinks of you?"
- "What do you think your colleague thinks about your boss?"

- „Wenn ich Ihren besten Freund nach Ihrer größten Schwäche fragen würde: Was würde er sagen?"
- „Was, glauben Sie, denken unsere Kunden über unseren Service?"

Metafragen

Als Metafragen sollen hier solche Fragen verstanden werden, die sich weniger auf die Sachaussagen des Befragten beziehen als auf die hinter den Aussagen stehenden – vielleicht unbewussten – Überzeugungen. Diese Überzeugungen halten das Denken in vorgegebenen Bahnen. Wenn solche Überzeugungen bewusst gemacht oder erschüttert werden, werden neue Einsichten möglich.

Der folgenden Übersicht können Sie entnehmen, welche Hinweise auf verborgene Überzeugungen es gibt und wie Sie mehr darüber erfahren können:

Hinweise auf verborgene Überzeugungen	Vorgehensweise und Fragestellung
Verallgemeinerungen (Universalquantoren): keiner, immer, nie, jeder „Keiner kommt mit dem Kollegen klar."	• Wiederholung der Verallgemeinerung in fragendem Ton: „Keiner?" • Abfrage eines (auch fiktiven) Gegenbeispiels • Nachfragen: „Wen genau meinen Sie?"
Unbegründete Ursache-Wirkungs-Zusammenhänge: weil, deshalb „Wir verschlanken, weil alle das tun."	• Nachfragen: „Welchen Zusammenhang sehen Sie da?", „Was hat das eine mit dem anderen zu tun?"
Hilfsverben ohne Begründung: sollen, müssen, können, dürfen „Man muss den Trend einfach mitmachen."	• Hypothetische Fragen: „Was passiert, wenn ...?" • Wenn die Erklärung eine fehlende Begründung des Ursache-Wirkungs-Zusammenhangs ergibt, dann s.o.
Unspezifische Verben und Substantive „Das Team leistet gute Arbeit."	• Präzisierungen einholen: „Woran machen Sie das fest?", „Wie macht es die Arbeit?", „Wer im Team macht die Arbeit?", „Was genau macht das Team?"

Questioning Techniques

- *"If I were to ask your best friend what your greatest weakness is, what would he or she say?"*
- *"What do you think our customers think about our service?"*

Meta Questions

The term "Meta questions" refers here to questions intended less to prompt factual statements from the interviewee than to read between the lines of the answers to discover what he or she believes, perhaps even unconsciously. These beliefs guide one's thinking along predetermined paths. If one is made aware of such beliefs or if they are shaken, then new insights become possible.

You can infer from the following overview what references to concealed beliefs there are and how you can find out more about them:

Reference to concealed beliefs	Procedure and questioning	
Generalisations (universal quantifiers): No one, always, never, everyone *"No one gets along with him."*	• Repetition of the generalisation in a questioning tone: *"No one?"* • Enquiry about a counter-example (can also be fictitious) • Follow-up question: *"Who do you mean exactly?"*	
Unfounded cause-&-effect correlations: Because, therefore *"We're trimming down because everyone is doing it."*	• Follow-up question: *"What correlation do you see there?"*, *"What does the one thing have to do with the other?"*	
Unfounded auxiliary verbs: Should, must, have to, can, may *"You just have to go with the trend."*	• Hypothetical questions: *"What would happen if ...?"* • If the explanation is missing a foundation for the cause-&-effect correlation, then see above.	
Unspecific verbs and nouns *"The team does good work."*	• Obtain specifics: *"What do you base that on?"*, *"How does it go about the work?"*, *"What team members do what?"*, *"What exactly does the team do?"*	

Vergleiche und Bewertungen ohne Bezug: „Es ist gut/richtig/falsch, ... zu tun", „Es ist besser/billiger/effektiver"	• Standpunkt abfragen: „Wer sagt das?" oder „Von wessen Standpunkt aus betrachtet?"
„Es ist besser, Prozessmanagement zu betreiben."	• Vergleichsbasis abfragen: „Im Vergleich wozu ...?"

4.2.4 Steuernde Fragen

Steuernde Fragen dienen der Gesprächsführung auf der strukturellen Ebene. Sie beeinflussen nicht den Gesprächsinhalt bzw. die Antworten. Zur Eröffnung können verschiedene Fragetypen sinnvoll eingesetzt werden.

Steuernde Frageformen	Beispiele
Eine vorstellende Frage bilden Sie durch Anhängen des Namens oder der Funktion des Befragten. Durch den starken Bezug zur angesprochenen Person vermeiden Sie Allgemeinplätze; Sie erfragen eine persönliche Meinung.	• „Was sagen Sie zu den aktuellen Produktionsproblemen, Frau Hesper?" • „Was halten Sie als kaufmännischer Leiter von der finanziellen Situation des Betriebes?"
Einer Frage wird eine kurze Erklärung vorangestellt (vgl. Balkonfrage, Kap. 4.2.3). Das ist dann sinnvoll, wenn Sie eine Vorinformation geben oder einen Bereich für die Antwort abstecken möchten. Balkonfragen helfen, Missverständnisse zu vermeiden.	• „Die Fluktuationsquote in der Produktion hat sich im Gegensatz zu den Quoten in den anderen Funktionsbereichen laut aktuellem Managementbericht gegenüber dem Vorjahr um 20 Prozent erhöht. Sind die Produktionsziele hierdurch in Gefahr?"
Die so genannte Initialfrage können Sie zu Beginn einsetzen, um den Gesprächspartner zur Mitarbeit zu motivieren und das Gespräch grundlegend zu strukturieren.	• „Welche Punkte möchten Sie heute gerne besprechen?" • „Welches ist das wichtigste Thema für Sie?"
Rangierfragen helfen dabei, das Gespräch auf das Gesprächsziel zu fokussieren.	• „Sollten wir uns nicht zuerst dem nächsten Tagesordnungspunkt zuwenden?" • „Wollen wir nun das Thema Fehlzeiten besprechen?"

Questioning Techniques

Unrelated comparisons and evaluations: "It is good/right/wrong to do something; it is better/cheaper/more effective" *"It's better to do process management."*	• Question the position: *"Who says so?"* or *"In whose opinion?"* • Question the comparison basis: *"Compared to what …?"*

4.2.4 Directive Questions

Directive questions serve to guide the discussion at the structural level. They do not influence the content of the discussion or the answers. In opening the discussion, it can make sense to use different types of questions.

Directive questions	Examples
You form an **introductory question** by attaching the name or function of the interviewee. The direct relation to the person questioned prevents him or her from retreating to universal phrases; you are enquiring the personal opinion of a person.	• *"What do you say about the current production problems, Ms. Hesper?"* • *"As the Commercial Manager, what do you think of the operation's financial situation?"*
A question is preceded by a **brief explanation** (cf. balcony question, Chapter 4.2.3). This makes sense if you want to provide preliminary information or define a scope for the answer. Balcony questions help to avoid misunderstandings.	• *"According to the latest management report, the rate of staff turnover in production increased by 20 percent last year compared with the previous year. This is in stark contrast to the ratios in other operative departments. Is this a threat to the production targets?"*
The so-called **"initial question"** can be inserted at the start of a discussion to motivate the discussion partner to cooperate, as well as to fundamentally structure the discussion.	• *"What points would you like to discuss today?"* • *"What's the most important topic for you?"*
Routing questions help to focus the discussion on the discussion objective.	• *"Shouldn't we look at the next item on the agenda first?"* • *"Shall we talk about the topic of absenteeism next?"*

Abschlussfragen dienen dazu, ein Thema mit einer finalen Entscheidung zu beenden. Sie können einen suggestiven Anteil haben.	• „Wann führen wir das nächste Gespräch?" • „Wann haben Sie das Problem gelöst?" • „Wann sollen wir liefern?"
Mit **Paraphrasierungen** kann man das Gespräch zusammenfassen oder zum eigentlichen Thema zurückholen.	• *„Sie sagen also, dass ..."* • *„Wenn ich Sie richtig verstehe, meinen Sie ..."*
Wer den Faden verloren hat, kann diesen so schnell wiederfinden: **Wiederholen Sie einen abstrakten Begriff** aus der letzten Antwort des Interviewten oder fragen Sie nach einem Beispiel.	• *„Was meinen Sie mit Prozessstabilität?"* oder mit fragender Stimme *„Prozessstabilität?"* • *„Wie meinen Sie das?"* • *„Haben Sie dafür ein Beispiel?"*
Die **Stakkatofrage** ist eine kurze Zwischenfrage. Sie lenkt das Gespräch unauffällig in eine Richtung oder ergänzt ausgelassene Punkte. Sie sollte nicht aus mehr als drei Wörtern bestehen.	• *„Wie viel genau?"* • *„Warum?"* • *„Wie?"*

4.2.5 Manipulative Fragen

Manipulative Fragen steuern. Aber sie steuern das Gespräch nicht offen und strukturell, sondern vielmehr verdeckt und auf der inhaltlichen Ebene, indem sie den Befragten in seinem Antwortverhalten beeinflussen.

> *Während Fragen, die den Gesprächsprozess steuern, offen gestellt werden und somit auch abgewehrt werden können, steuern manipulative Fragen unbemerkt.*

Manipulative Fragetechniken entfalten insbesondere dann große Kraft, wenn der Fragende vom Befragten als hierarchisch über ihm stehend wahrgenommen wird.

Für den Fragenden kann die Steuerungswirkung manipulativer Fragen in Einzelfällen angenehm sein – schließlich bekommt er mit großer Wahrscheinlichkeit das zu hören, was er hören möchte. Da manipulative Techniken nur im Verborgenen funktionieren, besteht aber immer das Risiko, entdeckt zu werden – und dann verkehrt sich der Effekt meist ins Gegenteil und der Befragte blockt weitere Fragen ab. Es gibt verschiedene Formen manipulativer Fragen:

Conclusion questions serve to close a topic with a final decision. They can be of a somewhat suggestive nature.	• "When are we going to have the next discussion?" • "When did you solve the problem?" • "When should we deliver?"
Paraphrasing can be used to summarise the discussion or to bring it back to the actual topic.	• "So what you're saying is ..." • "If I understand you right, you mean ..."
If one has momentarily lost track of the discussion, it can quickly be found again by using the following method: Repeat an abstract term from the interviewee's previous answer or ask for an example.	• "What do you mean by 'process stability'?" or with an inquisitive voice, "Process stability?" • "What do you mean by that?" • "Can you give me an example of that?"
The "staccato question" is not a fully formulated question, but a brief intermediate question. It unobtrusively directs the discussion in a certain direction or focuses attention on points that have been left out. It should not consist of more than three words.	• "How much exactly?" • "Why?" • "How?"

4.2.5 Manipulative Questions

Manipulative questions direct, but they do not direct a discussion openly and structurally. They direct instead in a covert manner and at the content level by influencing the answering conduct of the interviewee.

> *While questions that guide the discussion process are posed openly, making it possible to avert them, manipulative questions direct the talk in an unnoticed manner.*

Manipulative questioning techniques are particularly effective when the questioner is perceived by the interviewee as having a superior hierarchical ranking.

For the questioner, the heavy directive effect of manipulative questions can be very palatable in individual cases – after all, the questioner will in all probability be told what they want to hear. But since manipulative techniques only work undercover, there is always the risk of being discovered – and then the effect is usually exactly the opposite, with the interviewee blocking any further questions. There are different types of manipulative questions:

Alternativfragen

Alternativfragen können in verschiedener Weise manipulierend eingesetzt werden:

- Durch eine Alternativfrage wird das Antwortspektrum eingeschränkt, obwohl es bei geschickter Fragestellung eher so wirkt, als bestünden viele Möglichkeiten.
- Bei vielen zur Auswahl gestellten Alternativen wirkt der Fragende zuvorkommend, die Menge der Möglichkeiten ist im (schnellen) Gespräch aber schwer überschaubar. Für den Befragten wächst die Gefahr, sich falsch zu entscheiden.
- Für den Fragenden besteht die Möglichkeit, Alternativen zur Wahl zu stellen, die für den Befragten inakzeptabel sind. Er zwingt ihn somit, sich für das kleinste Übel zu entscheiden.
- Je nach Auswahl der Alternativen wird dem Befragten ein Spielraum vorgegaukelt, der so nicht vorhanden ist.
- Wenn die präferierte Antwort unter den Alternativen nicht vertreten ist, wächst für den Antwortenden die Hemmung, seine Antwort zu geben. Er wird sich wahrscheinlich für eine der vorgegebenen Alternativen entscheiden.
- Schlussendlich kann durch die Reihenfolge der Alternativen das Antwortverhalten beeinflusst werden: Viele Befragte neigen dazu, die zuletzt vorgeschlagene Alternative zu wählen.

Suggestivfragen

Die klassische Suggestivfrage ist so formuliert, dass sie dem Befragten die erwünschte Antwort in den Mund legt. Ein Sachverhalt wird demnach nur scheinbar zur Debatte gestellt und die Zustimmung wird unterschwellig vorausgesetzt. Aufgrund der Tatsache, dass dem Befragten vorgegaukelt wird, er sitze mit dem Fragenden im gleichen Boot, ist es schwierig, einer Suggestivfrage zu widersprechen.

„Sicher haben Sie sich auch schon Gedanken über Verbesserungen des Produktionsprozesses gemacht?"
Die nicht suggestive Variante müsste lauten: „Haben Sie sich Gedanken über Verbesserungen des Produktionsprozesses gemacht?"

Rhetorische Fragen

Die rhetorische Frage unterscheidet sich kaum von der klassischen Suggestivfrage. Sie ist eine These, die lediglich im Gewand einer Frage daherkommt, und bedarf insofern eigentlich keiner Antwort. Genau genommen muss eine Frage zwei Bedingungen erfüllen, um in diese Kategorie zu fallen:

Alternative Questions

Alternative questions, also known as multiple-choice questions, can be used manipulatively in a variety of ways:

- An alternative question restricts the range of answers, even though when the questioning is done cleverly, it can appear to offer a variety of answering possibilities.
- The presentation of a large number of alternatives to select from makes the questioner seem obliging, but the sheer number of possibilities is scarcely comprehensible in a (fast) discussion. The danger of making the wrong decision arises for the interviewee.
- The questioner has the possibility of presenting alternatives for selection that are unacceptable for the interviewee, thereby forcing the interviewee to pick the "lesser of two evils".
- Depending on the choice of alternatives, the interviewee is given the illusion of having latitude that is actually not there.
- If the preferred answer does not appear among the alternatives, the person answering faces growing inhibition about answering at all. Consequently, he or she is likely to choose one of the prescribed alternatives.
- The answering conduct can ultimately also be influenced by the order the alternatives are arranged in: Many interviewees tend to select the last alternative presented.

Suggestive Questions

The classic suggestive question is formulated in such a way that it puts the desired answer straight onto the lips of the interviewee. Information is presented for apparent but only superficial debate, and agreement with the interviewer is subliminally implied. The fact that the interviewee is given the impression that he or she is "in the same boat" with the interviewer makes it difficult to contradict a suggestive question.

> "Surely you've given some thought to improvements in the production process?"
> The non-suggestive version would have to go something like, "Have you given any thought to improvements in the production process?"

Rhetorical Questions

A rhetorical question is hardly distinguishable from the classic suggestive question. It consists of an assumption that is cloaked and presented as a question, and as such actually requires no answer at all. Strictly speaking, a question must meet two criteria in order to fall into this category:

- Der Fragende kennt die Antwort auf die Frage bereits und er stellt die Frage z.B. aus taktischen Gründen dennoch und
- er erwartet, dass der Befragte die Antwort auf die Frage ebenfalls kennt.

Die rhetorische Frage wird verwendet, um Aufmerksamkeit zu erzielen, um eine bestimmte Antwort zu provozieren oder (falls der Befragte die Antwort nicht kennt) um sich in eine überlegene Gesprächsposition zu manövrieren (Beispiel: *„Darf man bei den heutigen Marktverhältnissen eine solche Chance ungenutzt lassen?"*).

Fangfragen

Eine Fangfrage soll eine erwünschte Reaktion des Befragten trickreich herbeiführen. Sie ist so gestellt, dass ein unaufmerksamer Befragter sie falsch beantwortet, sich selbst widerspricht oder sich mit der Antwort in ein schlechtes Licht setzt. Dies kann zum Beispiel dadurch erreicht werden, dass die Frage Antwortmöglichkeiten vorgibt oder impliziert, von denen keine zutrifft. So kann der Fragende den Befragten zu einer falschen Aussage verleiten, ihn in Widersprüche verstricken oder ihn dazu bringen, sein fehlendes Wissen aufzudecken (*„Fand die Französische Revolution im 19. oder im 20. Jahrhundert statt?"* – richtige Antwort: *„Im 18. Jahrhundert."*).

Fragender: „Beachten Sie die Sicherheitsvorschriften immer noch nicht?" Die geschlossene Frage gibt die Antworten „Ja" und „Nein" vor. Die richtige Antwort wäre aber: „Ich habe die Sicherheitsvorschriften schon immer beachtet!"

Verdeckte Fragen

Bei verdeckten Fragen soll das Ziel der Frage für den Befragten nicht erkennbar sein. Die entsprechende Information kann also nicht auf direktem Weg abgefragt werden, sondern muss über einen Umweg erreicht werden.

„Welche Verbesserungsmöglichkeiten sehen Sie?" Tatsächlich interessieren den Fragenden nicht die Verbesserungsmöglichkeiten im Allgemeinen, sondern er hofft auf einen bestimmten Punkt, zu dem er dann weitere Fragen stellen möchte.

Ja-Fragen-Straße

Durch die Ja-Fragen-Straße wird die Hemmschwelle für eine Zustimmung reduziert. Das Prinzip der Ja-Fragen-Straße beruht darauf, so genannte Teilabschlüsse herzustellen, das heißt Fragen zu

- The questioner already knows the answer to the question, but still poses the question anyway, perhaps for tactical reasons,
- and the questioner anticipates that the interviewee also knows the answer to the question.

The rhetorical question is used to gain attention, to provoke a certain answer, or (if the interviewee does not know the answer) to manoeuvre oneself into a superior position in the discussion (example: *"With today's market situation, can we really afford not to take advantage of a chance like this?"*).

Trick Questions

A trick question is designed to trick the interviewee into answering in the desired manner. The question is put in such a way that inattentive interviewees answer incorrectly or contradict themselves, or answer in such a way that the answer reflects badly on them. This can be achieved, for example, if the question dictates or implies answering possibilities which are not correct. In this way, the questioner can lead the interviewee into making a false statement, tie them up in contradictions or reveal their lack of knowledge about something (*"Did the French Revolution take place in the 19th or the 20th Century?"* – Correct answer: *"In the 18th Century"*).

Questioner: "Are you still not paying attention to the safety regulations?" This closed question allows for the answers "yes" and "no". The right answer, however, would be, "I have always complied with the safety regulations!"

Concealed Questions

In concealed questions, the aim of the question itself is intended to be unrecognisable to the interviewee. The corresponding information cannot be obtained directly, so a "detour" must be taken.

"What possibilities do you see for improvement?" In fact, the questioner is not interested in the improvement possibilities in general, but is instead hoping to hear a specific point mentioned to which more questions can be addressed.

"Yes" Question Series

The "Yes"-question series reduces the reluctance to agree to something. The principle behind the "Yes"-question series is based on creating so-called partial conclusions, or in other words, posing

stellen, auf die der Befragte eigentlich mit „Ja" antworten muss. Wer schon mehrfach Zustimmung geäußert hat, dem fällt es schwer, die wichtigste Frage am Ende der Fragen-Straße plötzlich mit „Nein" zu beantworten.

> „Stimmen Sie mir zu, dass die Betriebsunfälle sehr schlimm sein können?" – „Ja."
> „Teilen Sie die Meinung, dass es hier noch immer zu viele Betriebsunfälle gibt?" – „Ja."
> „Sollte man nicht ein neues Programm zur Unfallverhütung auflegen?" – „Ja."

5 Interviews als Bewerbungs- und Vorstellungsgespräche

Nachdem wir uns in den vorangegangenen Kapiteln mit den Grundlagen der Interviewtechnik und dem Einsatz von Fragetechniken beschäftigt haben, wollen wir uns in den folgenden Kapiteln zentralen Interviewformen im Personalbereich zuwenden.

Der prototypische Gesprächsanlass für ein Interview ist das Vorstellungsgespräch. Viele Bewerber – zumal, wenn sie unerfahren sind – unterschätzen den Aufwand, den die Vorbereitung auf ein Vorstellungsgespräch erfordert.

Wenn sich der Gesprächsführende im Vorfeld nicht ausreichend auf dieses Gespräch vorbereitet, ist das zumindest fahrlässig. Leider trifft man diese Situation in der Praxis oft an. Häufig ist die mangelnde Vorbereitung auf folgenden Umstand zurückzuführen: Interviewer, für die Bewerbungsgespräche nicht zum täglichen Handwerkszeug gehören, priorisieren derartige Termine im Vergleich zum Tagesgeschäft niedrig und schieben das Bewerbungsgespräch „mal kurz dazwischen" oder sie gehen davon aus, dass sie durch ihre Fachkompetenz und Führungserfahrung Vorbereitungsmängel kompensieren werden.

Fachkompetenz und Führungserfahrung sind zwar zweifelsohne hilfreich, garantieren aber noch kein gutes Bewerbungsgespräch. Vorstellungsgespräche können Sie sehr gut planen. Zudem können Sie Ablaufstandards entwickeln, die die Vorbereitung erleichtern.

5.1 Zielsetzung

Im Folgenden sehen Sie eine Gegenüberstellung der Zielvorstellungen, mit denen der Bewerber respektive das Unternehmen – reprä-

questions that the interviewee actually has to answer with "yes". If someone has answered in the affirmative several times in a row, it is difficult for them to suddenly answer the most difficult question at the end of the question series with "no".

> "Would you agree with me that accidents at work can be very serious indeed?" – "Yes."
> "Do you share the opinion that there are still too many accidents happening here at work?" – "Yes."
> "Shouldn't we introduce a new programme for accident prevention?" – "Yes."

5 Job Interviews

Having covered the fundamentals of the interview technique and the application of questioning techniques in the previous chapters, we now want to focus on central interview forms in the personnel sector.

The prototypical interview situation is the job interview. Many job applicants – particularly inexperienced ones – underestimate the effort required for a job interview.

And it is no less than careless if the interviewer fails to prepare adequately for this type of discussion. Unfortunately however, one is frequently confronted with this in reality. Often, insufficient preparation is attributable to the following circumstances: Interviewers unaccustomed to conducting job interviews as part of their regular duties give less priority to such appointments than to their day-to-day business activities and just "squeeze in" the job interview, or they simply presume that their managerial skills and experience will compensate for their lack of preparation.

Managerial skills and experience are certainly helpful, but they still do not guarantee a good job interview. Job interviews are easy to plan well, and procedural standards can be developed that facilitate preparation.

5.1 Objectives

The following depicts a comparison of the desired objectives with which the job applicant goes into a job interview or the company for

Interviews als Vorstellungsgespräche

sentiert durch die Führungskraft und/oder einen Personalverantwortlichen – in ein Vorstellungsgespräch hineingeht:

Ziele des Bewerbers	Ziele des Unternehmens
Das Hauptziel des Bewerbers dürfte es in der Regel sein, sich so zu präsentieren, dass er seine Chancen auf einen interessanten Arbeitsplatz mit hervorragenden Arbeitsbedingungen steigert.	Das Hauptziel des Unternehmens ist es, zum richtigen Zeitpunkt den richtigen Kandidaten am richtigen Platz zu haben, und dies möglichst zu günstigen Konditionen.
Der Bewerber möchte ... • Informationen über das Unternehmen erhalten, • sich gut bzw. auf gewünschte Art präsentieren, • einen attraktiven Arbeitgeber und Arbeitsplatz auswählen, • gute Konditionen aushandeln.	Das Unternehmen möchte ... • über sich, die Abteilung und den Arbeitsplatz informieren, • den Bewerber persönlich kennen lernen, • Eigenschaften überprüfen, die mithilfe von schriftlichen Bewerbungsunterlagen nur unzureichend geprüft werden können (Sozialkompetenz, Teamfähigkeit, Kommunikationstalent etc.), • Kompetenzen und Potenziale des Bewerbers in Bezug auf die ausgeschriebene Stelle erkunden, • Ziele, Wünsche und Bedürfnisse des Bewerbers aufdecken.

Wie die Übersicht zeigt, deckt sich die Interessenlage der Gesprächsteilnehmer teilweise: Wo der Bewerber bemüht ist, sich selbst als kooperativ darzustellen, und deshalb bereitwillig Informationen über sich liefert, trifft er mit Sicherheit auf das Interesse des Unternehmens an dem Bild, das er von sich selbst vermittelt.

Um in der Gesprächssituation, die durch facettenreiche Ziele, Interessen und Reaktionsmöglichkeiten gekennzeichnet ist, eine gute Personalauswahl treffen zu können, ist eine intensive Gesprächsvorbereitung notwendig. Hier sollten vor allem zwei Aspekte beachtet werden:

Objectives of the job applicant	Objectives of the company
The primary objective of job applicants is generally to present themselves in a way that increases their chances of getting an interesting job with excellent conditions of employment.	The primary objective of the company is to have the right candidate in the right workplace at the right time and at the most favourable terms.
The job applicant wants ... • to receive information about the company, • to present him- or herself well or in the manner desired, • to choose an attractive employer and job, • to negotiate good terms	The company wants ... • to provide information about itself, the department and the job, • to meet the job applicant personally, • to examine attributes that can only be partially assessed on the basis of application documents (social skills, capacity for teamwork, communication talent, etc.), • to find out about the skills and potential of the job applicant in relation to the advertised position, • to find out the objectives, desires and needs of the job applicant.

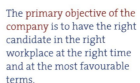

As indicated in this overview, the interests of the discussion participants sometimes coincide: Where the job applicant is keen to present him- or herself as cooperative and subsequently willing to provide personal information freely, he or she also accommodates the interest of the company in finding out the image that the applicant has of him- or herself.

In order to make a good personnel choice in the job interview situation, which is characterised by a variety of objectives, interests and reaction possibilities, intensive preparation is necessary for the discussion. There are two principal aspects to observe in this regard:

- Die Wirkung der gestellten Fragen sollte abgeschätzt werden: Möglicherweise stellen Sie eine Frage, die dem Kandidaten unangenehm ist, weil er sich darauf unzureichend vorbereitet hat oder weil sich die Frage auf Defizite oder Privates bezieht. In diesen Situationen liegt ein Zielkonflikt vor: Der Kandidat möchte sich positiv präsentieren, während Sie ehrliche Informationen recherchieren wollen. Manche Kandidaten versuchen in dieser Situation abzulenken, zu beschönigen oder gar zu lügen.
- Alle Bewerbungsgespräche zur Vergabe einer bestimmten Position sollten unter ähnlichen Bedingungen ablaufen und ähnlich strukturiert sein, um seitens des Unternehmens eine hohe Vergleichbarkeit zwischen den einzelnen Gesprächen zu gewährleisten. Und das setzt eine gründliche Vorbereitung voraus.

Das Minimum an Vorbereitung sollte darin bestehen, dass Sie im Vorfeld festlegen, wer an dem Gespräch teilnimmt und wann, wo und unter welchen Rahmenbedingungen es stattfindet.

Zudem sollten Sie die Bewerbungsunterlagen gelesen, Ihre Fragen ausgearbeitet und sich die Auswahlkriterien bewusst gemacht haben.

5.2 Interviewvorbereitung

Ein Bewerbungsgespräch ist Teil des Prozesses der Personalauswahl. Dieser Prozess sollte auf einer aktuellen Stellenbeschreibung basieren. Auf der Grundlage der darin formulierten Anforderungen werden die eingegangenen schriftlichen Bewerbungen in einer ersten Auswahlrunde selektiert, sodass nur die am besten geeigneten Bewerber eingeladen werden.

Damit ein Bewerbungsgespräch effizient und reibungslos durchgeführt werden kann, müssen folgende Vorarbeiten seitens des Unternehmens erledigt werden:
- Dem Interviewer müssen Stellenbeschreibung, Stellenanzeige und Bewerbungsunterlagen vorliegen.
- Die Interviewer sind auszuwählen (z.B. Linienvorgesetzter und Recruiter: So ist es möglich, mehrere Meinungen einzuholen und dadurch die Fehleranfälligkeit zu reduzieren).
- Die Rahmenbedingungen müssen organisiert werden: Raum, Uhrzeit, Pausen zwischen den Gesprächen.
- Ein Interviewplan, der den Gesprächsablauf und die Rollenverteilung enthalten sollte, ist festzulegen (vgl. Kap. 3.1).

- One should consider the effect of the questions posed: It is possible that you might ask a question that makes the candidate feel uncomfortable, for instance, a question for which they are ill-prepared or which probes into professional deficits or private matters. A conflict of interests arises in such situations: The candidate seeks to present him- or herself in a positive light, while you want to obtain honest information. In this situation, some candidates will attempt to change the subject, to gloss things over or even to lie.
- All of the job interviews for a specific position should be conducted under similar conditions with a similar structure in order to provide the company with a high level of comparability between the individual discussions, and this requires thorough preparation.

> *The minimum preparation should at least consist of you determining in advance who is to participate in the discussion, as well as when, where and under what basic conditions.*

You should additionally have read the application documentation, prepared your questions and familiarised yourself with the selection criteria.

5.2 Interview Preparation

The job interview is a part of the personnel selection process. This process should be based on a current job description. The written applications received will be vetted in a preliminary selection process based on the requirements formulated in the advertised job description so that only the most suitable job applicants are invited for an interview.

For a job interview to be conducted smoothly and efficiently, the company must complete the following advance work:
- The interviewer must have the job description, job advertisement and application documents.
- The interviewers must be selected (for instance, line managers and recruiters: This allows for several opinions to be obtained and thereby to reduce the rate of error).
- The framework must be organised: Space or room, time, breaks between interviews.
- An interview plan must be established specifying the course of the discussion and the role allocation (cf. Chapter 3.1).

- Zu den einzelnen Themenbereichen sollten Fragen formuliert werden.
- Für das Gespräch sollte ein Be- und Auswertungsbogen entwickelt werden.

Sowohl der Interviewplan als auch der Auswertungsbogen für das Bewerbungsgespräch sollten unternehmensweit standardisiert werden.

Wenn mehrere Interviewer eingesetzt werden, sind folgende Punkte zu klären:
- Wer kümmert sich um welche Themenbereiche bzw. stellt welche Fragen?
- Wie und von wem wird das Gespräch gesteuert, um den „roten Faden" nicht zu verlieren?
- Wer führt in welchen Gesprächsphasen das Protokoll?

5.3 Gesprächsablauf

Die folgende Übersicht gibt die wichtigsten Phasen des Vorstellungsgesprächs wieder. Wenn Sie Ihren persönlichen Interviewplan entwickeln, können Sie die Reihenfolge der Phasen durchaus verändern. Sinnvoll ist es jedoch in jedem Fall, auf einen allgemeinen Gesprächsrahmen mit einer Einstiegsphase am Anfang und der Ausstiegsphase am Ende zu achten.

Ablauf eines Vorstellungsgesprächs

1. Einstieg und Aufwärmen

Diese Phase dient inhaltlich dazu, den Gesprächsverlauf darzustellen und dem Gespräch damit eine Struktur zu geben. Außerdem soll eine angenehme Atmosphäre geschaffen werden.

Folgende Stationen sollte diese erste Gesprächsphase enthalten:
- Begrüßung des Bewerbers
- Vorstellung der Interviewer
- Kurze Darstellung des Gesprächsablaufs
- Small Talk mithilfe von „Eisbrecherfragen", z.B. *„Wie haben Sie hierher gefunden?"*

2. Informationen über das Unternehmen und den Arbeitsplatz

Diese Phase dient dazu, sich zu präsentieren. Gesprächsgegenstände können wichtige Unternehmensdaten, die Unternehmensorganisation oder Informationen zu Abteilung und Arbeitsplatz sein. In dieser Phase können auch Fragen nach dem Wissen des Bewerbers über das Unternehmen gestellt werden.

- Questions should be formulated for the individual subject areas.
- Evaluation and analysis forms should be prepared for the discussion/s.

Both the interview plan and the analysis form for the job interviews should be standardised throughout the company.

The following points must be clarified if more than one interviewer is to be involved:

- Who will deal with which subject areas or ask which questions?
- Who will direct the discussion and how, so as not to lose the "common thread"?
- Who will keep the notes during which phases of the interview?

5.3 Course of the Discussion

The following overview depicts the most important phases of the job interview. You may certainly feel free to alter the order of the phases when preparing your own interview plan, but it makes sense in any case to observe a general framework for the interview with an introductory phase at the start and a conclusion phase at the end.

Sequence of a job interview

1. Introduction and warm-up

The content of this phase serves to reveal the course of the discussion and to provide it with a structure. It is additionally intended to create a congenial atmosphere.

This initial discussion phase should contain the following stages:
- Greeting the job applicant
- Introduction of the interviewer/s
- Brief outline of the course of the discussion
- Small talk with the aid of "ice-breaking questions", for example, *"Did you find us easily enough?"*

2. Information about the company and the job

This phase is used to present yourself and the company. The topics of discussion can include important company data, the organisation of the company or information on the department and the job. In this phase you can also pose questions regarding the applicant's own knowledge about the company.

3. Allgemeine Fragen zum Bewerber und seiner persönlichen Situation

Hier geht es um folgende Aspekte:
- Selbstvorstellung des Bewerbers
- Elternhaus, Herkunft, Familie
- Wohnort
- Hobbys und Aktivitäten

4. Besprechung des Bildungswegs

In dieser Phase sind Informationen über die Ausbildung des Bewerbers gefragt (schulische Entwicklung, Ausbildung und/oder Studium).

5. Besprechung der beruflichen Tätigkeit und Entwicklung

In der Regel ist dies die wichtigste und ausführlichste Phase im Bewerbungsgespräch. Hier wird im engeren Sinne die Eignung des Bewerbers für die zu besetzende Stelle überprüft – also seine Fach- und Methodenkompetenz. Insbesondere in dieser Phase muss ein Interviewer eingesetzt werden, der über die notwendigen Kenntnisse (Betriebsabläufe, Produkte oder Technologien) verfügt.

Neben der Fach- und Methodenkompetenz ist es mindestens ebenso wichtig, im Gespräch zu prüfen, dass der Bewerber über die notwendigen sozialen und persönlichen Kompetenzen verfügt. Gerade bei dem letztgenannten Themenkomplex, der persönlichen Kompetenz, ist es für den Interviewer sehr schwer zu erkennen, wie eng sich der Interviewte an die Wahrheit hält. Deshalb darf in dieser Phase durchaus auch mit kritischeren und für den Kandidaten unangenehmen Fragen gearbeitet werden.

Die Fragen in dieser fünften Gesprächsphase können sich beispielsweise auf folgende Themenkomplexe beziehen:
- Fragen zu bisherigen Arbeitsstellen, Tätigkeiten und Projekten
- Fachliche Fragen
- Fragen zu prototypischem Verhalten in speziellen Arbeitssituationen
- Bisherige Karriereentwicklung
- Geplante Entwicklung der Karriere
- Weitere Pläne und Ziele

6. Spezielle Aufgaben und Übungen im Vorstellungsgespräch
(vgl. Stein, 2006)

In Vorstellungsgespräche integrieren Unternehmen oft eigene Aktivitäten des Bewerbers. Hierzu eignen sich kleine Aufgaben, die anschließend als Aufhänger für das weitere Gespräch dienen können. Diese Übungen können in alle Phasen des Gesprächs eingebaut werden. Sie bieten sich allerdings besonders während der Besprechung der beruflichen Tätigkeiten an.

3. General questions about the job applicant and his or her personal situation

This involves the following aspects:
- Applicant's introducing themselves
- Parents, family background and origin, own family
- Place of residence
- Hobbies and activities

4. Discussion of one's education

This phase is focused on information about the education and training of the job applicant (School career, Vocational training and/or higher education studies)

5. Discussion of the applicant's job and career development

Generally this is the most important and comprehensive phase of the job interview. This is where the suitability of the applicant for the vacant position is examined closely, i.e. their professional and methodical competence. It is of particular importance in this phase that an interviewer is involved who is equipped with the relevant knowledge (operating procedures, products or technologies).

In addition to professional and methodical competence, it is at least as important in the discussion to examine whether the job applicant possesses the necessary social and personal skills. Particularly in the case of the latter, personal skills, it is extremely difficult for the interviewer to be able to determine how closely the interviewee is sticking to the truth. It is therefore thoroughly acceptable to ask the candidate more critical and even uncomfortable questions.

The questions in this fifth discussion phase can enquire about the following subject matter, for example:
- Questions about the current and past jobs, activities and projects
- Technical or specialist questions
- Questions on prototypical behaviour in specific work situations
- Career development to date
- Planned career development
- Additional plans and goals

6. Special tasks and exercises in a job interview (cf. Stein, 2006)

Companies often integrate activities to be performed by the job applicant into job interviews. These include small tasks that, once completed, serve as a catalyst for the remaining discussion. Exercises like this can be structured into all of the phases of the interview, but are most appropriate during the discussion of the applicant's professional activities.

Zu den bekanntesten Aufgaben zählen folgende:
- Selbstpräsentation
- Lebens-/Karrierekurve
- Rollenspiele zu Themen wie Verkauf und Kundenberatung, Reklamation, Konflikt-, Kritik- oder Kündigungsgespräch

7. Fragen des Kandidaten

Dieser Abschnitt des Gesprächs ist nicht nur für den Bewerber, sondern auch aus der Sicht der gesprächsführenden Unternehmensvertreter interessant: Sie erhalten Aufschluss über die Prioritäten, die der Kandidat setzt. Wofür interessiert er sich? In welcher Reihenfolge fragt er nach offenen Punkten?

Achten Sie dabei auf folgende Aspekte:
- Stellt er Fragen, die sich auf das Unternehmen selbst beziehen (z.B. nach Unternehmenskultur, Führungsphilosophie)?
- Stellt er Fragen nach dem Fach-/Funktionsbereich (welche Bedeutung dieser für das Unternehmen hat, ob er bereits voll entwickelt ist oder sich noch im Aufbau befindet)?
- Stellt er Fragen nach der Stelle (warum die Stelle zu besetzen ist, seit wann sie frei ist oder warum sie neu geschaffen wurde, wie sie hierarchisch eingeordnet ist oder ob es eine Stellenbeschreibung mit Vollmachten und konkreten Zielsetzungen gibt)?
- Stellt er Fragen zur personellen Situation (welche Qualifikationen die zukünftigen Kollegen haben, wer die Aufgaben vorher ausgeführt hat, ob es interne Bewerbungen gab oder wie das Betriebsklima und die Stimmung im Team ist)?
- Stellt er Fragen zu vertraglichen Bedingungen (Arbeitszeit, Reisetätigkeit, Urlaub, Vergütungssystem, Entwicklungsmöglichkeiten)?

8. Vertragsmodalitäten

Sofern der interviewte Kandidat in die engere Auswahl kommt, muss geklärt werden, ob auch die ökonomische Seite einer Zusammenarbeit stimmt. Dabei geht es um folgende Punkte:
- Kündigungstermin und -fristen, Eintrittstermin
- Vorstellungen bzgl. fixer und variabler Entgeltbestandteile
- Sonstige Sozialleistungen (z.B. Dienstwagen, betriebliche Altersvorsorge)

9. Gesprächsabschluss

Zum Abschluss des Gesprächs sollte der Bewerber über die weitere Vorgehensweise im Auswahlprozess informiert werden. Danach wird das Interview mit einem Dank für das Gespräch beendet.

Um ein optimales Ergebnis zu erzielen, das noch nicht von Gedächtniseffekten verfälscht ist, sollten Sie Bewerbungsgespräche immer sofort auswerten. Planen Sie zwischen zwei Gesprächen also eine genügend lange Zeit ein. Es empfiehlt sich, bei der Auswertung

The most common tasks of this sort include the following:
- Self-presentation
- Life/Career chart
- Role playing on topics such as sales and customer service, complaints, disputes, criticism or job termination discussions

7. Questions from the candidate

This section is not only of interest for the job applicant, but also for the interviewer from the perspective as company representative directing the discussion: It reveals information on the candidate's priorities. What are they interested in? In what order do they enquire about points that have not yet been addressed?

Pay attention to the following aspects:
- Is the candidate asking questions relating to the company itself (e. g. its corporate culture, management philosophy)?
- Is the candidate asking questions about the department (its significance for the company, whether it is already fully developed or still "under construction")?
- Is the candidate asking questions about the job itself (why the vacancy is to be filled, how long it has been vacant or why it was created, its position in the hierarchy or whether there is a job specification with authorisations and firm objectives)?
- Is the candidate asking questions about the personnel situation (what qualifications the future fellow employees have, who was previously responsible for the duties, whether the job was initially advertised internally or what the working atmosphere and morale is like in the team)?
- Is the candidate asking questions about the contractual terms (working hours, travel activities, holidays, compensation system, development possibilities)?

8. Contract modalities

If the candidate being interviewed makes it to the short list, then the financial side of the employment also has to be clarified. This focuses on the following points:
- Date of termination and termination notice periods, starting date
- Ideas regarding fixed and variable compensation components
- Other benefits (for example, company car, company pension)

9. Conclusion of the discussion

In closing the discussion, the job applicant should be informed regarding how the selection process will proceed. The interview is then ended with an expression of thanks for the discussion.

In order to obtain the optimum result undiluted by any tricks of memory, you should always evaluate a job interview immediately after it is finished. Therefore, schedule sufficient time between two interviews.

eines Vorstellungsgesprächs anhand eines speziellen systematischen Auswertungsbogens vorzugehen, der auf der Stellenbeschreibung basiert. Wichtig ist, dass Sie sich sowohl während des Gesprächs als auch bei seiner Auswertung um Objektivität bemühen. Standardisierte Auswertungsbögen, die grundlegende Beurteilungskriterien enthalten, können dabei von großem Nutzen sein.

5.4 Gesprächsführung und Gesprächssteuerung im Bewerbungsgespräch

5.4.1 Gesprächssteuerung und Gesprächstechniken für das Bewerbungsgespräch

Der Interviewer sollte die Themen des Bewerbungsgesprächs, deren Reihenfolge und die dafür jeweils zur Verfügung stehende Zeit bestimmen. Trotz einer gewiss notwendigen und sinnvollen Flexibilität sollte er sich dabei nicht zu sehr vom Verhalten und den Antworten des Interviewten ablenken lassen. Eine gute Vorbereitung, ein Interviewplan und ein Fragenkatalog sind dabei sehr hilfreich.

Bei der Gesprächsführung sollten Sie sich von folgenden Maximen leiten lassen (vgl. Schuler, 2002):

- Gehen Sie unerwarteten, aber interessanten Punkten nach, die der Interviewte ins Gespräch bringt. Lassen Sie sich nicht von Ihrem Interviewplan beengen.
- Achten Sie auf Ihren Plan, um zum Thema zurückzufinden.
- Verlieren Sie Ihre Gesprächsziele nicht aus den Augen.
- Handeln Sie verschiedene Themen in einer sinnvollen Reihenfolge nacheinander ab.
- Vermeiden Sie irrelevante Themengebiete.
- Halten Sie keine Monologe.

> *Auch wenn die Gesprächsführung in der Hand des Interviewers liegt, sollten die Redeanteile mehrheitlich beim Interviewten liegen.*

In diesem Zusammenhang empfiehlt sich eine 80:20-Faustregel zugunsten des Interviewten. Mit geschlossenen Fragen ist dieses Verhältnis natürlich nicht zu erreichen (vgl. Kap. 4.2.2).

Eine wichtige Gesprächstechnik, die zur Gesprächssteuerung herangezogen werden kann, ist die Zusammenfassung. Sie können sie verwenden, um einen eloquenten Gesprächspartner, der vom Thema abzuschweifen droht, wieder zum Thema zurückzuholen. Sinnvollerweise sollten sie dann direkt die nächste Frage anschließen (Beispiel: *„Wir haben jetzt ausführlich über Ihre Erfahrungen in*

In evaluating a job interview, it is advisable to proceed according to a special systematic analysis form based on the job description. The important thing is to retain your objectivity both during the discussion and in its evaluation. Standardised evaluation forms containing basic assessment criteria can be very useful.

5.4 Guiding and Directing the Discussion in a Job Interview

5.4.1 Discussion Direction and Techniques for Job Interviews

The interviewer should determine the topics of the job interview, their order and the time available for each topic. Despite a degree of flexibility that is certainly necessary and sensible, the interviewer should nevertheless not permit him- or herself to be overly distracted by the conduct and answers of the person being interviewed. Good preparation, an interview plan and a catalogue of questions are a great help.

You should use the following guidelines in directing the discussion (cf. Schuler, 2002):
- Expand on unexpected but interesting points brought up by the interviewee. Your interview plan should not restrict you unduly.
- Refer to your plan to get back to the topic.
- Do not lose sight of your objectives for the discussion.
- Deal with different topics in a sensible order.
- Avoid irrelevant subject areas.
- Refrain from holding monologues.

Even though the direction of the discussion is in the hands of the interviewer, the majority of the talking should be done by the person being interviewed.

To this end, an 80 % / 20 % rule of thumb in favour of the interviewee should be observed. Of course, this ratio cannot be attained with closed questions (cf. Chapter 4.2.2).

Summarising is an important discussion technique that can be applied for directing the discussion. You can use it to bring an eloquent discussion partner back on track who is bordering on veering off the topic. Logic dictates that you then follow-up directly with the next question (example: *"We've covered your experience in the auto-*

der Automobilbranche gesprochen. Was mich noch interessiert: Wie sieht es eigentlich mit Ihrer Auslandserfahrung aus?").

Außer durch Zusammenfassungen können Sie das Gespräch auch gezielt durch nonverbale Signale steuern:
- Blickkontakt signalisiert Interesse. Der Effekt: Wenn Sie Ihren Gesprächspartner intensiv angucken, äußert er sich wahrscheinlich ausführlicher zum aktuellen Thema.
- Auch wenn Sie Gesprächspausen nicht direkt mit der nächsten Frage füllen, animieren Sie Ihren Gesprächspartner zum Weitersprechen. Aber Achtung: Lange Pausen über fünf Sekunden können zu Unsicherheit führen.
- Durch gezielte Unterbrechungen können Sie das Gespräch aktiv sehr stark beeinflussen. Weniger offensichtlich und weniger unangenehm wirkt eine Unterbrechung auf Ihren Gesprächspartner, wenn Sie sie mit einem Lob oder einer Zustimmung und einer Überleitung verbinden (Beispiel: *"Was Sie da über die Projektplanung sagen, ist wirklich sehr interessant. Ich stimme Ihnen da voll und ganz zu. Lassen Sie uns doch noch über die Projektverfolgung sprechen."*).

Generell können Sie jedes Gespräch auch durch Ihre Körperhaltung (z.B. offen und zugewandt oder abweisend) und durch die Art Ihres Zuhörens (z.B. aktiv und interessiert oder gelangweilt und abwesend) stark beeinflussen.

5.4.2 Fragetechnik und Fragetypen für das Bewerbungsgespräch

Im Bewerbungsgespräch kommt es darauf an, eine große Menge wohl definierter Informationen über den Bewerber zu sammeln, also ganz bestimmte Informationen, anhand derer Sie die interviewten Kandidaten miteinander vergleichen können.

> *Um vergleichbare Information zu erhalten, ist es notwendig, strukturiert und zielorientiert vorzugehen.*

Das erfordert einerseits eine klare Führung des Gesprächs durch den Interviewer; andererseits sollte der Interviewte durch ein solches Gesprächsverhalten aber auch nicht zu sehr eingeschränkt werden. Als Interviewer sollten Sie darüber hinaus vermeiden, durch dirigistisches Gesprächsverhalten Ihre Gesprächsziele zu offenbaren: Dadurch würden Sie ungewollt die Tendenz des Kandidaten, strategisch zu antworten, verstärken.

mobile branch extensively now. I'd also like to know about your experience, if any, abroad.").

In addition to summarisation, you can also use non-verbal signals to guide the discussion:
- Eye contact signals interest. The effect: If you look at your discussion partner attentively, he or she is likely to address the current topic more extensively.
- Even if you do not fill pauses in the discussion by going straight to the next question, prompt your discussion partner to continue speaking. But careful: Long pauses over five seconds can lead to insecurity.
- You can strongly influence the discussion in an active manner by using intentional interruptions. An interruption is less obvious and less uncomfortable if you combine it with praise or affirmation and a transitional phrase or statement (example: *"What you said about project planning is really very interesting. I couldn't agree with you more. But let's move on now and talk about project monitoring."*).

Generally speaking, you can also use your posture (for example, open and attentive or dismissive) and how you listen (for example, actively with interest or bored and detached) to significantly influence a discussion.

5.4.2 Questioning Techniques and Question Types for the Job Interview

In job interviews, the point is to collect a great deal of well-defined information about the job applicant; very specific information for you to use as the basis for comparing the different candidates interviewed.

> *In order to obtain comparable information, it is necessary to proceed in a structured manner that focuses on your objectives.*

For one thing this requires a clear direction of the discussion by the interviewer; secondly, the interviewee should nevertheless not be excessively restricted by your direction. As the interviewer, you should additionally avoid revealing your discussion objectives by being too authoritarian in conducting the discussion. This would result in you unintentionally reinforcing the tendency of the candidate to answer strategically.

Aus diesen Gründen sollten geschlossene Fragen (vgl. Kap. 4.2.2) in Bewerbungsgesprächen eher die Ausnahme sein. Sinnvoll sind geschlossene Fragen in diesem Kontext zur Zeit sparenden Präzisierung unklarer Antworten oder zur Verifizierung von Angaben aus den Bewerbungsunterlagen. Auch wenn Sie ein Gespräch wieder in die gewünschte Richtung lenken möchten, können geschlossene Fragen hilfreich sein.

Anders als geschlossene Fragen fordern offene Fragen den Gefragten dazu auf, sich inhaltlich und ausführlicher zu äußern. Sie erbringen meist schnell eine große Menge an Informationen und ermöglichen es dem Interviewer, etwas über das Kommunikationsverhalten, den Wortschatz und die Redegewandtheit seines Gesprächspartners zu erfahren.

> *Zu ausufernde Antworten auf offene Fragen können durch Zusammenfassungen und geschlossene Fragen leicht wieder zum Thema zurückgeführt werden.*

Im Folgenden werden verschiedene Einsatzmöglichkeiten von offenen Fragen erläutert:

Sondierungsfragen (Probing)

Sondierungsfragen können eingesetzt werden, um genaue Informationen zu einem Themengebiet zu erhalten. Sie prüfen damit, ob der Bewerber etwa anhand von Beispielen glaubwürdig machen kann, dass er das, was er allgemein beschrieben hat, auch konkret und im Detail weiß.

Die Erfahrung zeigt, dass sich viele Menschen schwer damit tun, etwas konkret anhand eines möglichst gut und typisch ausgewählten Einzelfalles praxisnah zu beschreiben. Vielfach trifft man eher das Bemühen an, eine Vielfalt von Einzelfällen auf einen Nenner zu bringen und möglichst allgemein darzustellen. In diesen Fällen ermutigen Sondierungsfragen den Interviewten, konkret zu werden.

Interviewer:	„Beschreiben Sie uns doch bitte Ihre Projekte im Bereich Abwasseraufbereitung."
Interviewter:	„Im Bereich Abwasseraufbereitung habe ich an einer Vielzahl von Projekten im In- und Ausland mitgearbeitet. Ich habe dabei von der Projektplanung über die Inbetriebnahme bis hin zur Mitarbeiterschulung alle Facetten des Projektgeschäfts kennen gelernt. ..."
Interviewer:	„An welchen Projekten haben Sie genau mitgewirkt und in welcher Weise?"

For these reasons, closed questions (cf. Chapter 4.2.2) should generally be the exception in job interviews. In this context closed questions make more sense for saving time in clarifying unclear answers or for verifying details in the application documents. Closed questions can also be helpful when you want to guide the discussion back in a desired direction.

In contrast to closed questions, open questions prompt the interviewee to provide more content, more extensively. They usually yield a great deal of information and enable the interviewer to discover something about the communication conduct, vocabulary and eloquence of the discussion partner.

> *Candidates giving overly evasive answers to open questions can easily be directed back to the topic with summarisation and closed questions.*

A variety of applications for open questions is covered in the following paragraphs:

Probing Questions

Probing questions can be used to obtain precise information on a topic. Using them, you can examine whether the job applicant actually knows genuinely and in detail about what they have described in general and can exemplify this on the basis of credible examples.

Experience demonstrates that many people have problems giving a precise practical description of something on the basis of a good and prototypically selected individual case. Instead, one often encounters an attempt to find the most general possible description in a common denominator from a variety of individual cases. When this happens, probing questions prompt the interviewee to be more specific.

Interviewer:	*"Please describe your projects in the waste water treatment field."*
Interviewee:	*"I've worked on a number of projects at home and abroad in the waste water treatment sector. I became familiar with every aspect of project business, including project planning, start-up, employee training ..."*
Interviewer:	*"What projects did you work on exactly and in what capacity?"*

Erweiterungsfragen (Extensions)
Dieser Fragetyp funktioniert grundsätzlich genauso wie die Sondierungsfrage, regt den Gesprächspartner also zu weiteren Ausführungen an.

> *Der Interviewte beschreibt, wie er seine Mitarbeiter bei der Entscheidungsfindung in einer komplizierten Situation eingebunden hat.*
> *Interviewer: „Erzählen Sie mir bitte mehr darüber, wie Sie Ihre Mitarbeiter in Ihre Entscheidungen einbeziehen."*

Anknüpfungsfragen (Linking Questions)
Mit einer Anknüpfungsfrage bezieht sich der Interviewer auf etwas, das schon vorher erwähnt wurde. Mithilfe dieser Technik kann er noch sanfter als durch eine Zusammenfassung wieder zum Thema zurückkommen bzw. zu einem anderen Thema überleiten.

> *Der Interviewte beschreibt, wie er eine Prozessoptimierung in der Produktion geleitet hat, und erwähnt dabei die Widerstände der Mitarbeiter.*
> *Interviewer: „Sie sprachen gerade die Widerstände der Belegschaft gegen Restrukturierungen an. Darauf möchte ich gerne noch mal zurückkommen. Wie sollte man Ihrer Meinung nach mit solchen Widerständen umgehen?"*

Reflexionsfragen
Wie auch mit Anknüpfungsfragen zeigt der Interviewer mit diesem Fragetyp, dass er zugehört hat, und zwar indem er in Frageform wiederholt, was der Interviewte gesagt hat. So beugen Sie Missverständnissen vor und regen den Bewerber an weiterzusprechen.

> *Der Interviewte erwähnt, dass es bei einem Projekt Schwierigkeiten mit dem Hauptlieferanten gab.*
> *Interviewer: „Es gab Schwierigkeiten mit Ihrem Lieferanten?"*

Obwohl Reflexionsfragen einfach mit „Ja" beantwortet werden könnten, entspricht es dem normalen menschlichen Kommunikationsverhalten (zumal in einem Vorstellungsgespräch), sich weiter zu öffnen und mehr zu erzählen.

Hypothetische Fragen
Hypothetische Fragen beziehen sich darauf, wie ein Kandidat mit konstruierten Situationen umgehen würde. Zu beachten ist hierbei, dass oft ein Unterschied besteht zwischen dem, was man zu tun

Extension Questions

Basically, this type of question works just like the probing question, in that it also prompts the discussion partner to expand on what they have previously stated.

> *The interviewee describes how he included his employees in reaching a decision in a complicated situation.*
> *Interviewer: "Please tell me more about how you include your employees in your decision-making."*

Linking Questions

With a linking question, the interviewer refers to something that was said previously. This technique can be used to get back to a topic or to cross over to another topic more smoothly than with a summary.

> *The interviewee describes how he conducted process optimisation in production, and mentions that this was met with some resistance by the employees.*
> *Interviewer: "You just mentioned employee resistance towards the restructuring measures. I'd like to come back to that. In your opinion, how should one deal with such resistance?"*

Reflex Questions

Just as with linking questions, with this type of question the interviewer also demonstrates that he or she has been listening simply by repeating what the interviewee just said in the form of a question. This helps to prevent misunderstandings and prompts the job applicant to continue speaking.

> *The interviewee says that one project suffered from problems with the main supplier.*
> *Interviewer: "There were difficulties with your supplier?"*

Although reflex questions could be answered with a simple "yes", accustomed human communication behaviour (especially in a job interview) prompts one to open up and explain more.

Hypothetical Questions

Hypothetical questions relate to how a candidate would handle designed situations. You must nevertheless be aware here that there is often a difference between how one thinks one would react and

glaubt, und dem, was man wirklich tut. Daher können Sie den Wert dieses Fragetyps verbessern, indem Sie nach Beispielen für ähnliches Verhalten in der Vergangenheit fragen.

> *Interviewer: „Stellen Sie sich vor, Sie stehen derzeit unter hohem Zeitdruck. Nun kommt Ihr Vorgesetzter zu Ihnen und bittet Sie, für einen A-Kunden ein Angebot für die Inbetriebnahme eines neuen Produktionssystems zu erstellen. Als Sie zwei Wochen später das Angebot fast fertig haben, meldet sich Ihr Vorgesetzter wieder und wirft Ihren Entwurf über den Haufen, weil er vergessen hat, Ihnen einige wesentliche Vorgaben mitzuteilen. Wie reagieren Sie darauf?"*
> *Der Interviewte antwortet.*
> *Interviewer: „Waren Sie in der Vergangenheit bereits einmal in ähnlichen Situationen?"*

Verhaltensorientierte Fragen (Behaviour-Based Questions)
Im Gegensatz zu den hypothetischen Fragen beziehen sich verhaltensorientierte Fragen auf wirklich erlebte Situationen. Mit ihrer Hilfe versucht man, anhand zurückliegenden Verhaltens auf die Kompetenzen des Bewerbers zu schließen. Bei Berufsanfängern können sich solche Fragen auch auf den außerberuflichen Bereich beziehen (Beispiel: *„Beschreiben Sie mir eine Situation, in der Sie in einem Streitgespräch vermittelt und die Parteien zu einer Einigung gebracht haben."*).

5.4.3 Themenbereiche und Beispielfragen im Bewerbungsgespräch

Für ein Vorstellungsgespräch gibt es kaum thematische Grenzen. Fast alle Themen und Fragestellungen können in irgendeinem speziellen Kontext oder einer besonderen betrieblichen Situation von Interesse sein.

Im Folgenden finden Sie einige Themenbereiche, die anhand einfacher Beispielfragen vorgestellt werden und nach den wesentlichen Phasen eines Vorstellungsgesprächs (vgl. Kap. 5.3) geordnet sind. Diese Beispiele sollen Ihnen zusammen mit den zuvor geschilderten Fragetechniken dabei helfen, einen umfangreichen, individuell an Ihre zu besetzende Stelle angepassten Fragenkatalog zu entwickeln.

1. Einstiegsfragen
Einstiegsfragen sind in der Regel leicht zu beantworten und dienen dazu, sich in der neuen Situation zurechtzufinden, eine angenehme Atmosphäre zu schaffen und eine gemeinsame Gesprächsebene zu entwickeln.

what one actually does. You can therefore improve the value of this type of question by asking for examples of similar situations and the related conduct in the past.

> *Interviewer: "Imagine that you are currently under enormous time pressure. Now your boss comes and asks you to prepare an offer for a preferred customer for the start-up of a new production system. Two weeks later, when your offer is almost finished, your boss contacts you again and throws your offer draft out because he forgot to supply you with some essential details. What's your reaction?"*
> *The interviewee answers.*
> *Interviewer: "Have you been in similar situations in the past?"*

Behaviour-based Questions
In contrast to hypothetical questions, behaviour-based questions have to do with situations that have actually happened. You can use them to help reach conclusions about the skills of the applicant based on past behaviour. For applicants starting out in their careers, these kinds of questions can be posed regarding situations outside the career sector (example: *"Describe for me a situation in which you mediated a dispute and got the parties to reach an agreement."*).

5.4.3 Subject Areas and Sample Questions for Job Interviews
There are hardly any topical restrictions for a job interview. Virtually every topic and question can be of interest in some kind of special context or a particular working situation.

The following paragraphs feature a number of possible subject areas introduced on the basis of a few simple sample questions which are arranged according to the important phases of a job interview (cp. Chapter 5.3). These examples and the questioning techniques covered previously should help you in developing a question catalogue that is comprehensive and tailored to the vacant position.

1. Introductory Questions
Introductory questions are generally easy to answer and help to accommodate you to the new situation, create a pleasant atmosphere and develop a mutual level of discussion.

- „Wie haben Sie hergefunden? Haben Sie uns gleich gefunden?"
- „Wie sind Sie auf uns aufmerksam geworden?"
- „Was hat Sie an unserer Stellenanzeige angesprochen?"

2. Fragen zum Unternehmen

Fragen zum Unternehmen haben einen ernsten Hintergrund, denn sie prüfen nicht nur Wissen, sondern zeigen das Engagement, mit dem sich der Bewerber vorbereitet hat, und seine Bewerbungsgründe. Wenn der Bewerber gut vorbereitet ist, sollten diese Fragen jedoch nicht zu schwierig zu beantworten sein. Ähnlich sieht es mit den unter den Punkten 3 und 4 genannten Fragen aus.

- „Was wissen Sie über uns?"
- „Kennen Sie unsere Produkte?"
- „Hatten Sie schon mit unserem Unternehmen zu tun?"
- „Was gefällt Ihnen an unserem Haus?"

3. Allgemeine Fragen zum Bewerber

- „Stellen Sie sich bitte kurz selbst vor. Erzählen Sie etwas über sich selbst."
- „Welche Hobbys haben Sie?"
- „Wie ist Ihre familiäre Herkunft / Ihr Familienstand?"
- „Erzählen Sie etwas über Ihren Freundeskreis."
- „Wie würde ... Sie beschreiben?"
- „Wie schätzen Sie sich selbst ein? Welche Persönlichkeitsmerkmale zeichnen Sie aus?"
- „Welche Vorlieben/Bedürfnisse/Ziele/Pläne haben Sie?"

4. Fragen zur Ausbildung

- „Warum haben Sie ... gelernt/studiert?"
- „Was waren Ihre Ausbildungs- oder Studienschwerpunkte?"
- „Sie nennen in Ihrem Lebenslauf folgende Tätigkeiten während Ihrer Ausbildung: ... Können Sie das näher erläutern?"
- „Welchen Aktivitäten sind Sie neben Ihrer Ausbildung / Ihrem Studium nachgegangen?"

5. Fragen zu beruflichen Tätigkeiten

Spätestens in dieser Phase werden Sie als Interviewer dem Kandidaten auch einmal so richtig auf den Zahn fühlen wollen. Also sollten Sie seine Angaben hinterfragen (nicht bezweifeln!) und ihn

- "Did you have any trouble finding us? Were you able to find us easily?"
- "How did you find out about us?"
- "What appealed to you in our job advertisement?"

2. Questions on the Company

Questions on the company are a serious matter, because they not only examine the applicant's knowledge, but also reveal the commitment with which he or she has prepared for the interview as well as their motives for seeking the job. If the job applicant is well-prepared, then these questions should not be too difficult to answer, nor those listed under Points 3 and 4.

- "What do you know about us?"
- "Are you familiar with our products?"
- "Have you ever had any dealings with our company?"
- "What appeals to you about our company?"

3. General Questions to the Job Applicant

- "Please give us a brief introduction of yourself and tell us a little bit about who you are."
- "What kind of hobbies do you have?"
- "What are your family origins/your marital status?"
- "Tell us something about your circle of friends."
- "How would ... describe you?"
- "How do you see yourself? What personal characteristics distinguish you?"
- "What are your likes/needs/goals/plans?"

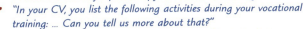

4. Questions on Education/Training

- "Why did you study/train for...?"
- "What were the major focuses of your studies or training?"
- "In your CV, you list the following activities during your vocational training: ... Can you tell us more about that?"
- "What extra-curricular activities did you participate in during your training/your studies?"

5. Career-related Questions

As the interviewer, this is the phase where, if you have not already begun, you will now really want to examine the candidate with a fine-toothed comb. So scrutinise (as opposed to disbelieve) the interviewee's assertions in the application documents and ask him or

bitten, diese anhand von Beispielen zu konkretisieren. Dazu bieten sich vor allem hypothetische und verhaltensorientierte Fragen an.

- „Sie nennen in Ihrer Bewerbung folgende Tätigkeitsschwerpunkte: ... Können Sie das näher erläutern?"
- „In Ihrem Lebenslauf schreiben Sie, Sie verfügen über folgende Fähigkeiten: ... Bitte erzählen Sie etwas darüber."
- „Ihrem Lebenslauf habe ich entnommen, dass Sie über folgende Zusatzqualifikationen und Weiterbildungen verfügen: ... Würden Sie das bitte erläutern?"
- „Warum möchten Sie für uns arbeiten?"
- „Was reizt Sie an dieser Tätigkeit?"
- „Wo sehen Sie Ihre Stärken und Schwächen?"
- „Auf welche beruflichen Leistungen sind Sie besonders stolz?"
- „Wovon war Ihre berufliche Entwicklung bisher gekennzeichnet?"
- „Warum sollten wir Sie einstellen? Was können Sie besser als andere?"
- „Was erscheint Ihnen an der angebotenen Aufgabe attraktiv, was weniger?"
- „Worauf legen Sie im Beruf Wert?"
- „Wie gehen Sie mit Kritik um?"
- „Was würden Sie machen, wenn ...?"
- „Wie lange würden Sie brauchen, bis Sie die Aufgabe voll im Griff haben?"
- „Wie stellen Sie sich Ihren idealen Vorgesetzten beziehungsweise seinen Führungsstil vor?"
- „Was beurteilen Sie an Ihrer letzten Position als positiv, was als negativ?"
- „Welche Vorstellungen und Ziele haben Sie für die nächsten Jahre?"
- „Welche Weiterbildungsangebote haben Sie zuletzt genutzt?"
- „Was ist Ihnen für die Arbeit im Team wichtig?"
- „Was sind Gründe für Ihren bisherigen Erfolg oder Misserfolg?"

Zum Abschluss sollten Sie dem Interviewten auf jeden Fall auch die Möglichkeit einräumen, selbst Fragen zu stellen: „Welche Fragen haben Sie jetzt noch?"

5.4.4 Unzulässige Fragen im Vorstellungsgespräch

Bestimmte Aspekte der Privatsphäre werden durch den Gesetzgeber in besonderer Weise geschützt. Fragen zu diesen Themenbereichen sind unzulässig. Wenn ein Kandidat in einem Vorstellungsgespräch mit einer solchen Frage konfrontiert wird, muss er nicht wahrheitsgemäß antworten.

Wenn sich die Antwort später als gelogen herausstellt, ist das kein Kündigungsgrund.

her to be specific about these on the basis of examples. Hypothetical and behaviour-based questions are particularly suited for this purpose.

- *"In your application, you list the following items as your primary duties: ... Can you explain that in more detail?"*
- *"You list the following skills in your CV: .... Please tell us a little about that."*
- *"Your CV says that you have the following additional qualifications and advanced training: ... Could you please expand on that?"*
- *"Why do you want to work for us?"*
- *"What appeals to you about this job?"*
- *"What do you see as your strengths and weaknesses?"*
- *"What professional achievements are you particularly proud of?"*
- *"What is the distinguishing feature of your professional development up to now?"*
- *"Why should we hire you? What can you do better than others?"*
- *"What appeals to you most about the job offer, and what is less appealing?"*
- *"What's important to you on the job?"*
- *"How do you handle criticism?"*
- *"What would you do if ...?"*
- *"How long would it take you to get fully up to speed on the job?"*
- *"How do you imagine your ideal boss or his or her management style?"*
- *"What would you consider as the positive and negative aspects of your last job?"*
- *"What are your plans and goals for the coming years?"*
- *"What advanced training measures have you participated in recently?"*
- *"What's important for you in working within a team?"*
- *"What are the reasons for your success or lack of success up to now?"*

In conclusion, you should by all means provide the interviewee with the opportunity to ask questions of their own: *"Do you have any more questions?"*

5.4.4 Off-Limits Questions in a Job Interview

Certain aspects of one's privacy are under special legal protection, and questions regarding these areas are not permissible. A candidate who is confronted with such a question in a job interview is not required to answer truthfully.

> *If the answer later proves to be a lie, it does not constitute a reason for termination.*

Interviews als Vorstellungsgespräche

Dies ist nicht der Ort, um zu klären, wie effektiv dieser Schutz ist – darüber ließe sich sicherlich diskutieren. Für das Thema dieses Buches ist es wesentlich wichtiger zu diskutieren, was eine unzulässige Frage überhaupt bringt: Nicht jeder Kandidat ist in der Lage, sich schnell eine glaubwürdige Geschichte zurechtzulegen, wenn er mit einer unzulässigen Frage konfrontiert wird. Dementsprechend entsteht für Sie als Interviewer ein Erkenntnisgewinn: Wie souverän geht der Interviewte mit dieser Situation um? Sie können also auch ganz bewusst eine Stresssituation provozieren, um das Verhalten des Bewerbers zu testen. Gegen unzulässige Fragen spricht allerdings die Tatsache, dass die Antworten auf eine solche Frage in hohem Maße verfälscht und damit wertlos sein werden.

Im Folgenden finden Sie eine Liste mit Themengebieten, nach denen im Vorstellungsgespräch nicht gefragt werden darf. Allerdings hat bekanntlich jede Regel ihre Ausnahmen – und so ist es auch bei den im Regelfall unzulässigen Fragen im Vorstellungsgespräch.

Sie sollten die folgende Liste also im Einzelfall – am besten mit sachkundiger juristischer Hilfe – auf Ausnahmen prüfen.

Fragen zu diesen Themengebieten sind in der Regel unzulässig:

- Heiratsabsichten, intime Beziehungen und Schwangerschaft
- HIV-Infektion
- Religionszugehörigkeit (außer bei konfessionell gebundenen Arbeitgebern)
- Zugehörigkeit zu einer politischen Partei (außer bei parteipolitisch gebundenen Arbeitgebern)
- Vermögensverhältnisse oder eventuelle Pfändungen
- Vorstrafen
- Gewerkschaftliche Zugehörigkeit

In einem Vorstellungsgespräch unterliegt der Bewerber einer Offenbarungspflicht. Das heißt, dass er ungefragt all das offenlegen muss, was für die Aufnahme eines Arbeitsverhältnisses relevant ist – insbesondere wenn diese der vereinbarungsgemäßen Aufnahme der Tätigkeit entgegenstehen, wie beispielsweise Krankheit, anstehende Kuren, eine Schwangerschaft, Schwerbehinderung oder ein Wettbewerbsverbot.

This is not the place to discuss how effective this type of protection is; surely this would be a topic of some debate. For the subject of this book, it is much more important to discuss what or whether there is a point to an off-limits question: not every candidate is capable of quickly fabricating a believable story when confronted with an inadmissible question. You as the interviewer however gain an insight: How does the person being interviewee stand up to the situation? In other words, you can provoke a stress situation in order to see how the job applicant deals with it. On the other hand, inadmissible questions result in answers that are in large part falsified and therefore worthless.

The following paragraphs list subject matter that is off-limits for questions in a job interview. But as we all know, every rule has its exception – and such is also the case with questions that are generally inadmissible in a job interview.

In individual cases, you should therefore examine the following list for just such exceptions, ideally with competent legal advice.

As a rule, questions on these topics are inadmissible:

- Marriage plans, intimate relationships and pregnancy
- HIV infection
- Religious affiliation (except for employers affiliated with a particular denomination)
- Party-political affiliation (except for employers affiliated with a particular political party)
- Financial circumstances or any garnishment levies
- Police records
- Labour union membership

A job applicant is subject to a disclosure obligation in a job interview. This means that the applicant is obliged to disclose everything that is relevant to entering into an employment relationship without being asked – particularly if anything stands in the way of assuming the position in accordance with the employment agreement, such as illness, scheduled convalescent treatments, pregnancy, severe disability or a non-competition clause.

6 Telefoninterviews zur Bewerberauswahl

Nach dem Versand ihrer Bewerbungsunterlagen hoffen Bewerber zumeist auf eine baldige und positive Reaktion des angeschriebenen Unternehmens. Kaum ein Bewerber ist in dieser Phase darauf vorbereitet, von einem Personalreferenten zu Hause angerufen zu werden. Ob dieses Überraschungsmoment ein Vor- oder ein Nachteil ist, ist schwer zu beurteilen:

- Einerseits ist der Interviewte in diesem Fall weniger gut auf das Gespräch vorbereitet. Es ist deshalb schwerer für ihn, wohl durchdachte Antworten zu geben; er wird zu spontanem Antwortverhalten gezwungen. So erhalten Sie möglicherweise ein authentischeres Bild des Kandidaten.
- Andererseits kann mangelnde Vorbereitung des Interviewten auch ein Nachteil für Sie sein, wenn der Interviewte dadurch nicht alle Informationen parat hat, die Sie erfahren möchten.

Viele Führungskräfte haben für Bewerbungsgespräche kein separates oder zumindest nur ein äußerst begrenztes Zeitbudget.

Telefonische Vorabinterviews sind daher für sie ein gutes Instrument, um mit der Zeit wirtschaftlich umzugehen.

Erst wenn ein Bewerber im Telefoninterview einen positiven Eindruck hinterlassen hat, wird er zu einem persönlichen Gespräch eingeladen.

In seiner Funktion als Vorabauswahl stellt das telefonische Vorstellungsgespräch nach der Sichtung der schriftlichen Bewerbungsunterlagen den zweiten Filter dar. Sie sollten es nach Möglichkeit aber auf die Funktion der Vorauswahl reduzieren und thematisch entsprechend eingrenzen, weil sich am Telefon nicht alle relevanten Informationen über den Kandidaten erfassen lassen. Entsprechend sollten Sie sich im Telefoninterview zur Bewerberauswahl auf einige wesentliche Themenbereiche beschränken:

- Überprüfung der Daten aus der schriftlichen Bewerbung
- Kurze Selbstvorstellung und Selbstpräsentation des Kandidaten
- Befragung zu unklaren oder problematischen Punkten im Lebenslauf
- Überprüfung der grundlegenden fachlichen Kompetenz, sodass man im eigentlichen Bewerbungsinterview direkt ins Detail gehen kann

6 Telephone Interviews for Selecting Job Applicants

After sending in their application documents, job applicants usually hope for a quick, positive reaction from the company they have written to. In this phase scarcely any applicant is prepared to be called at home on the telephone by a human resources officer. Whether this moment of surprise is advantageous or detrimental is difficult to judge:

- On the one hand, the applicants are less well-prepared in this case for the discussion, making it more difficult for them to give well-prepared answers. This forces them to answer spontaneously. This could perhaps provide you with a more accurate image of the candidate.
- However, the lack of preparation by the applicant could also be a disadvantage for you as the interviewer if the interviewee does not have all the information "on call" that you would like to have.

Many managers do not have a separate time budget for job interviews, or at least only a very limited one.

For them, preliminary phone interviews are therefore a good tool for managing their time effectively.

Only if an applicant makes a positive impression in the phone interview will they then be invited for a personal discussion.

After the examination of the application documentation, the telephone job interview represents the second filter in its function as a preliminary selection tool. Nonetheless, wherever possible it should remain confined to its preliminary selection function and correspondingly be restricted in its topical content, since not all of the relevant information about the candidate can be gathered on the telephone. Accordingly, a telephone interview for selecting job applicants should be limited to a few essential subject areas:

- Review of the information in the written application
- A brief introduction of yourself with a brief presentation of the candidate
- Queries regarding points in the CV that are unclear or problematic
- Checking the basic relevant technical competence; this allows the personal job interview to focus directly on details

- Kurze Erhebung der wesentlichen Einstellungen, Werte, Vorgehensweisen und Charaktermerkmale, die idealerweise mit der Philosophie des Unternehmens übereinstimmen sollten

In Anlehnung an diese Punkte empfiehlt es sich, einen **standardisierten Interviewplan** (vgl. Abb. 2) zu erstellen, der von einem Referenten oder Assistenten des eigentlichen Entscheidungsträgers abtelefoniert wird. Wenn das Gespräch nicht aufgezeichnet werden kann, sollte es zumindest **sorgfältig protokolliert** werden. Das Protokoll wird erleichtert, wenn der Interviewplan einige Alternativ- oder Skalenfragen aufweist. Erst wenn sich bei der Analyse und dem Vergleich der Protokolle herausstellt, dass ein Bewerber zu den Topkandidaten gehört, wird er zu einem persönlichen Gespräch eingeladen. Bei der Vorbereitung dieses persönlichen Interviews sollte dann natürlich darauf geachtet werden, dass sämtliche Kandidaten zuvor an einem Telefoninterview teilgenommen haben.

Telefoninterviews zur Bewerberauswahl haben Vor- und Nachteile – für den Personalsuchenden ebenso wie für den Bewerber:

Vorteile	Nachteile
+ Mit geringfügigem Aufwand gewinnt man schnell Informationen. + Man spart Zeit, da die Vorselektion die Zahl der Bewerbungsgespräche minimiert. + Ein erster Eindruck entsteht, insbesondere bei der Erstansprache. + Das Telefonverhalten des Bewerbers kann beurteilt werden; er muss schnell und flexibel reagieren. + Das Telefoninterview kann als Arbeitsprobe betrachtet werden.	– Oft ist mehrmaliges Telefonieren nötig, bis der richtige Ansprechpartner am Hörer ist. – Nicht immer kann ein authentisches Bild eines Bewerbers entstehen. – Das Unternehmen kann nur über das Telefon für sich werben, ohne dass der Kandidat sich einen persönlichen Eindruck verschaffen kann.

Wie bei allen Datenerhebungsmethoden sollten Sie sich auch beim Telefoninterview der Tatsache bewusst sein, **dass ungünstige Umstände zu Auswahlfehlern führen können:** Ein aussichtsreicher Bewerber beispielsweise wird von einem Anruf überrascht und ist der Situation nicht gewachsen. Er formuliert schlecht, ist zu nervös und scheitert, obwohl er die besten Voraussetzungen mitbringt.

- A brief survey of the important attitudes, values, procedural approaches and personal characteristics that should ideally concur with the philosophy of the company

In accordance with these points, it is advisable to create a **standardised interview plan** (cp. III. 2) that can be checked on the phone by an assistant of the actual decision-maker. If the discussion cannot be recorded, then it should at least be **carefully taken down in writing**. This written record is simpler if the interview plan includes a few alternative questions or scaling questions. Then the subsequent analysis and comparison of the written records is conducted to determine which of the applicants are to be included in the short list of top candidates to be invited for a personal interview. In preparing this personal interview, it should, of course, be observed that all of the candidates have previously participated in a telephone interview.

Telephone interviews for selecting job applicants have advantages and disadvantages – both for the person seeking a new employee and for the job applicant:

Advantages	Disadvantages
+ You quickly obtain information with little effort.	− Often you must call several times until you get the right person on the phone.
+ You save time since pre-selection minimises the number of job interviews.	− It is not always possible for an authentic impression of the job applicant to emerge.
+ You gain a first impression, particularly with the first phrases exchanged.	− The company can only make its case by phone without the candidate having an opportunity to get an impression in person.
+ The applicant's telephoning skills can be evaluated, since he or she must react quickly and flexibly.	
+ The telephone interview can be viewed as a work trial run.	

Just like in every method of registering data, you should be also aware in telephone interviews that **unfavourable circumstances can lead to selection mistakes**; for example, a promising job applicant caught off guard by a telephone call proves to simply not be up to the situation, his or her nerves get the best of them. This may result in poor formulations; the candidate is nervous and blows the

Telefoninterviews zur Bewerberauswahl

Wenn Sie ein Telefoninterview zur Bewerberauswahl führen, sollten Sie sich über zweierlei im Klaren sein:

1. Sie rufen möglicherweise zur Unzeit an.

Der Interviewte ist vielleicht verhindert, unvorbereitet oder indisponiert. Seien Sie also geduldig mit ihm bzw. gestehen Sie ihm eine Aufwärmphase zu. So können Sie in dieser Situation vorgehen:

- Stellen Sie sich vor und nennen Sie den Grund Ihres Anrufs. Bieten Sie falls nötig an, einen Gesprächstermin zu vereinbaren. Das könnte auch schon der richtige Zeitpunkt sein, kurz den Ablauf des Interviews zu schildern.
- Beginnen Sie mit einfacheren offenen Fragen, z.B. mit der Bitte um eine Vorstellung/Selbstpräsentation und mit Fragen zum Lebenslauf oder zu Erfahrungen und Qualifikationen, um den Interviewten zum freien Reden zu animieren. Gehen Sie erst dann „ans Eingemachte".
- Sprechen Sie vor allem in der ersten Interviewphase langsam, laut und deutlich.

2. Bei einem Telefonat findet ein unvollständiger Signalaustausch statt.

Der Interviewte kann Sie nicht sehen und ist somit ausschließlich auf Ihre verbalen Signale angewiesen; Ihre körpersprachlichen Signale fehlen ihm. Ihnen geht es umgekehrt natürlich genauso. Dadurch können leicht Missverständnisse entstehen. Da Ihnen viele nonverbale Eindrücke fehlen, die Ihr Urteil verändern könnten oder zu einem anderen ersten Eindruck geführt hätten, sollten Sie ein schnelles Urteil vermeiden.

Es gibt eine ganze Reihe von Verhaltensweisen und Kommunikationstechniken, die Sie vor diesem Hintergrund sehr nutzbringend einsetzen können:

- Sprechen Sie langsamer und deutlicher als sonst und bemühen Sie sich darum, verstärkt die Hochsprache zu verwenden.
- Fragen Sie nach, ob der Interviewte alles verstanden hat bzw. wie er es verstanden hat: Fragen Sie eine Zusammenfassung ab.

Da sich nicht jeder Interviewkandidat nachzufragen traut, wenn er etwas nicht verstanden hat, sollten Sie das für ihn erledigen, um Missverständnisse zu vermeiden.

- Bemühen Sie sich um eine besonders prägnante und präzise Wortwahl. Umschreiben Sie Sachverhalte bei Bedarf mehrfach.

opportunity, although he or she is actually excellently suited for the job.

You should be aware of two things if you use a telephone interview to select job applicants:

1. You may be calling at a bad time.

The candidate is momentarily indisposed, unprepared or perhaps unable to take the call. So be patient with the person and allow them a warm-up phase. In such situations, you can proceed as follows:

- Introduce yourself and state the reason for your call. If necessary, offer to call back at an agreed time. That may also be the right time to explain the course of the interview.
- Start with simple, open questions, e.g. by asking for an introduction/self-presentation and with questions regarding the candidate's CV or experience and qualifications in order to prompt the person to speak freely. Get down to details afterwards.
- Above all, speak slowly and clearly in the initial interview phase.

2. A limited "signal exchange" takes place in a telephone call.

The interviewee cannot see you and thus is limited solely to your verbal signals; they cannot receive your body language signals, just as you cannot receive theirs. This can easily lead to misunderstandings. Since you also miss out on many non-verbal factors that could change or influence your impression, you should avoid making a judgement too quickly.

In light of this, there is a whole series of behaviour and communication techniques which you can apply beneficially in this type of situation:

- Speak more slowly and clearly than usual and use a more sophisticated mode of speech than in daily conversations.
- Ask if the candidate has understood everything or how they have understood it: Ask for a summary.

> *Since not every interview candidate is going to be confident enough to ask you to repeat something he or she may not have completely understood, you should do it for them to prevent misunderstandings.*

- Try to be very succinct and precise in your choice of words. When necessary, paraphrase discussion items as much as needed.

- Da Gestik und Mimik fehlen, kann es sein, dass Ihr Gesprächspartner Ihre Prioritäten oder Betonungen nicht richtig versteht. Deshalb sollten Sie vermehrt **sprachliche Steuerungstechniken** einsetzen, die deutlich machen, welche Teile der Antwort Ihnen wichtig sind. Das sind z.B. Zwischenfragen, zustimmende Laute, Sondierungs-, Erweiterungs- und Reflexionsfragen.

- Mit **Zusammenfassungen** können Sie deutlich machen, was Sie verstanden haben oder bis wohin Sie den Ausführungen folgen konnten. Der Interviewte weiß damit auch, ab welchem Punkt er seine Ausführungen wiederholen muss.

- Vermeiden Sie Kettenfragen, da diese in der Telefonsituation besonders verwirrend wirken. **Stellen Sie Ihre Fragen einzeln.**

- Anders als in Gesprächen von Angesicht zu Angesicht ist es am Telefon oft sinnvoller, zunächst eine stark steuernde Frage zu stellen und an diese – falls nötig – eine offene Frage anzuschließen. Diese zweite Frage profitiert dann von der Steuerungswirkung der zuvor gestellten Frage. Stark steuernde Fragen sind geschlossene Fragen, Alternativfragen und Skalenfragen.

Interviewer:	„Wie schätzen Sie Ihre Teamfähigkeit auf einer Skala von 1 bis 10 ein?"
Interviewter:	„Meine Teamfähigkeit ordne ich bei acht ein." Oder „Acht."

Falls der Interviewte jetzt nicht schon von sich aus erklärt, warum er sich so einschätzt, oder falls Sie die Einschätzung präzisiert haben möchten, stellen Sie jetzt noch eine offene Frage.

Interviewer:	„Nennen Sie mir bitte einige Beispiele, die Ihre Einschätzung belegen."

- Since there are no gestures and facial expressions, it is possible that your discussion partner will not always correctly understand your priorities or tonal word emphasis. This calls for you to use verbal direction techniques to a greater degree than usual to clarify which parts of the answer are most important for you, for example, intermediate questions, affirmative sounds and probing, extension and reflex questions.

- With summarisation, you can communicate what you have understood or the point to which you have been able to follow what has been said. The interviewee then understands which parts to repeat.

- Avoid question chains, as they can be even more confusing in a telephone situation. Ask your questions individually.

- In contrast to face-to-face conversations, it often makes more sense on the phone to first ask a heavily directive question and then, if necessary, to follow up with an open question. The second question then profits from the directive effect of the previous question. Heavily directive questions consist of closed questions, alternative questions and scaling questions.

| Interviewer: | "On a scale from 1 to 10, how would you rate your capacity for teamwork?" |
| Interviewee: | "I would rate my teamwork capacity at eight.", or "Eight." |

If the interviewee does not continue now and go on to explain the reasons for their rating, or if you want to obtain more detail on the rating, follow up then with an open question.

| Interviewer: | "Please give me a few examples that illustrate your rating." |

Telefoninterviews zur Bewerberauswahl

Interviewplan – Telefoninterview	Datum: 15.11.2007
	Uhrzeit: 10:30 Uhr
Ausgeschriebene Stelle:	Vertriebsmitarbeiter
Kandidat:	Herr Kastrop
Interviewer:	Herr Schubert (Personalreferent)

Sympathie	++	+	o	-	--
Stimme	++	+	o	-	--
Schlagfertigkeit	++	+	o	-	--
Wortwahl	++	+	o	-	--
Höflichkeit	++	+	o	-	--
...					

- Begrüßung, Vorstellung, Erläuterung von Zweck und Ablauf des Anrufs
- Frage, ob der Kandidat jetzt Zeit und Ruhe hat
- Welche Aufgaben wünschen Sie sich?
- Welche Erfahrungen haben Sie in diesem Bereich?
- Wie verstehen Sie die ausgeschriebene Position?
- Was würde Ihnen daran Spaß machen?
- Fragen zu den K.-o.-Kriterien
- Eintrittstermin:
- Gehaltsvorstellung:

Notizen:

Absage	Ja	Nein
Terminvereinbarung	Ja	Nein

Abb. 2: Beispiel für einen Telefoninterviewplan

Telephone Interviews for Selecting Job Applicants

Interview Plan – Telephone Interview		Date: 15.11.2007 Time: 10.30 a.m.			
Advertised Vacancy:		Sales Employee			
Candidate:		Mr Kastrop			
Interviewer:		Mr Schubert (Human Resources Manager)			
Personality	++	+	O	-	--
Voice	++	+	O	-	--
Wit	++	+	O	-	--
Vocabulary	++	+	O	-	--
Courteousness	++	+	O	-	--
...					

- Greeting, introduction, explanation of purpose and sequence of the call
- Ask whether the candidate has time to take the call at that particular moment
- What duties are you hoping for?
- What is your prior experience in this field?
- What do you understand the advertised position to be?
- What appeals to you about it?
- Questions on the knockout criteria
- Starting date:
- Desired salary:

Notes:

Rejection	Yes	No
Agreed appointment	Yes	No

Ill. 2: Example of a telephone interview plan

7 Das Interview als Element in Personalgesprächen

Kommunikation ist eine ständige „Großaufgabe" im Tagesgeschäft von Führungskräften. Allerdings ist sie vielfach sehr fragmentiert, spontan und von den aktuellen Ereignissen bestimmt.

Natürlich ist es wichtig, für kurze Rückfragen zur Verfügung zu stehen oder bei Problemen schnell einzugreifen. Darüber darf das Instrument des großen Mitarbeitergesprächs aber nicht vernachlässigt werden.

> *Es ist wichtig, sich in regelmäßigen Abständen zusammen mit seinem Mitarbeiter eine „Auszeit" zu nehmen, um die Ereignisse des zurückliegenden Zeitraumes gemeinsam und in Ruhe zu reflektieren.*

Dann können Arbeitsergebnisse und die vielen kleinen Mitarbeitergespräche zusammengefasst und ausgewertet werden. Es können Konsequenzen gezogen und Maßnahmen geplant werden und schließlich kann ein Ausblick auf die Zukunft gegeben werden. Das alles sollte ungestört und abseits des hektischen Tagesgeschäfts stattfinden.

Diese Personalgespräche bilden – wie schon im Eingangskapitel skizziert – einen Kernpunkt der Tätigkeit einer Führungskraft. Im nächsten Abschnitt werden nun einige dieser Grundregeln im Zusammenhang mit den wichtigsten Personalgesprächen noch einmal aufgegriffen und erweitert.

7.1 Grundlegende Regeln für Personalgespräche

Als Vorgesetzter sollten Sie für Personalgespräche und auch sonst immer zwei ganz grundsätzliche Zielkategorien im Auge behalten: soziale und ökonomische Ziele. Einerseits streben Sie eine möglichst effektive Aufgabenausführung und Zielerreichung an; andererseits ist das Mitarbeitergespräch ein wichtiger Motivationsfaktor, der eine hohe Arbeitszufriedenheit des Mitarbeiters unterstützt.

Zwischen diesen beiden Gesprächszielen bestehen viele wechselseitige Abhängigkeiten:
- So kann eine hohe Motivation des Mitarbeiters die Aufgabenausführung verbessern.

7 The Interview as an Element in Personnel Discussions

Communication is a constant "priority task" in the daily business of management personnel. It is nevertheless often very fragmented, spontaneous and dictated by current events.

It is of course important to be available for brief questions from employees or to deal quickly with problems, but not at the expense of the instrument of large employee discussions.

It is important for managers to take a "time out" at regular intervals together with the employees to reflect calmly on recent events.

This is where work results and the multitude of smaller employee discussions can be summarised and evaluated, conclusions can be drawn and measures planned and ultimately, plans for the future can be considered. This should all be done without disruption and the hustle and bustle of daily business.

As illustrated in the introductory chapter, these discussions form one of the core duties of management staff. In the next section, we will again pick up and expand on some of these basic rules in relation to the most important personnel discussions.

7.1 Basic Rules for Personnel Discussions

As a supervisor or manager, you should always observe two fundamental objective categories for personnel discussions and in general as well: Social and economic objectives. On the one hand, you are interested in the most effective possible completion of assignments and in the attainment of objectives; on the other, employee discussions are an important motivation factor in reinforcing a high level of employee job satisfaction.

A great variety of interdependencies lie between these two discussion objectives:
- The successful completion of tasks can be improved by a high level of employee motivation.

- Umgekehrt kann die Notwendigkeit eines verstärkten Einsatzes (Überstunden) zu nachlassender Motivation führen.

Aus Sicht der Gesprächsführung kann dieser potenzielle Konflikt nicht auf einer inhaltlichen Ebene aufgelöst werden. Entschärfen können Sie ihn allerdings, indem Sie nicht nur darauf achten, was Sie sagen, sondern auch darauf, wie Sie es sagen.

> *Durch Freundlichkeit, eine Begründung und natürlich einen Dank wird Ihr Mitarbeiter eher zu einer ungewöhnlichen Anstrengung bereit sein als aufgrund eines bloßen Befehls.*

Aus der themenzentrierten Interaktion (vgl. Cohn, 2004) können wir ein einfaches Schema übernehmen, das sich leicht auf das Personalgespräch übertragen lässt (vgl. Abb. 3).

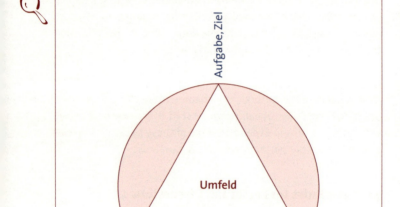

Abb. 3: Faktoren, die die Interaktion im Personalgespräch konstitutieren

Sehr oft wird die Aufgabe oder das Ziel das wichtigste Element des Gesprächs sein, so z.B. in einem Zielvereinbarungsgespräch. In Beurteilungsgesprächen wiederum steht der Mitarbeiter stärker im

- Conversely, the necessity of more commitment on the part of an employee (overtime) can lead to a reduction in motivation.

From the perspective of directing discussions, this potential conflict cannot be solved at the content level. But you can still mitigate it by not just paying attention to what you say, but also to how you say it.

Friendliness, providing reasons and, of course, expressing appreciation and thanks are far more likely to inspire your employees to make a special effort than simply giving them an order.

We can take on a simple formula from theme-centred interaction (cf. Cohn, 2004) that can easily be applied to the personnel discussion (cp. Ill. 3).

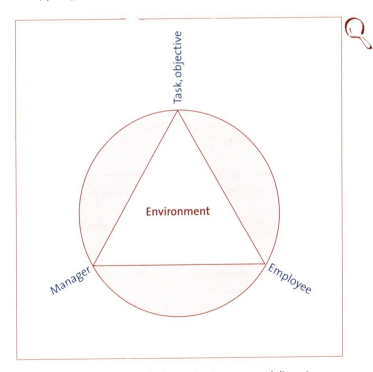

Ill. 3: Factors that constitute the interaction in a personnel discussion

Very frequently, the task or objective will be the most important element of the discussion, as in a target agreement discussion, for example. In assessment discussions on the other hand, the focus is

Mittelpunkt. Wenn das Verhältnis zwischen Führungskraft und Mitarbeiter geklärt wird, rückt der Vorgesetzte stärker nach vorne. Als Gesprächsführender muss man also schon in der Vorbereitung, dann aber auch während des Gesprächs sehr genau auf die wesentlichen Elemente des Personalgesprächs achten, um diese dynamisch auszubalancieren und sich selbst situationsgerecht zu verhalten.

Für den Erfolg des Personalgesprächs ist es wichtig, sich mit den Zielen, Bedürfnissen und Erwartungen des Mitarbeiters an das Personalgespräch auseinanderzusetzen. Solche Erwartungen können ganz allgemeiner Art sein und das Selbstwertgefühl des Mitarbeiters betreffen:

- Der Mitarbeiter erwartet in dieser Hinsicht z.B. Höflichkeit, Freundlichkeit, Akzeptanz seiner Person, Offenheit, Takt, Fairness und Anerkennung.
- In Bezug auf seine Arbeitsleistungen erwartet der Mitarbeiter wahrscheinlich Anerkennung, Feedback, Hilfestellung, Ratschläge, klare Strukturen/Anweisungen etc.
- Dazu können natürlich noch ganz individuelle Erwartungen kommen, die sich auf Arbeitszeit, Lohn/Gehalt, Aufstieg u.Ä. beziehen.

Analysieren Sie die Mitarbeitererwartungen vor dem Personalgespräch!

Zusätzlich zu den in Kapitel 2.1 bereits erwähnten Gesprächsregeln seien an dieser Stelle noch einige Kommunikationsregeln genannt, die in Personalgesprächen sehr nützlich sind:

- Sich als Führungskraft so darstellen, wie man ist, und sich nicht verstellen,
- aktiv zuhören,
- Ich-Botschaften verwenden,
- verständlich formulieren,
- Zusammenfassungen einbringen,
- Äußerungen des Partners zur Verständnissicherung mit eigenen Worten wiedergeben (paraphrasieren).

Für das Personalgespräch bietet sich ein einfaches und weitgehend allgemein gültiges Phasenschema (vgl. Crisand & Pitzek, 1993) an, das auf jedes der in den folgenden Abschnitten dargestellten Personalgespräche angewendet werden kann:

directed more on the employee. In talks clarifying the relationship between the manager and the employee, it is then the manager that is the primary focus. As the director of a discussion, one must therefore precisely observe the essential elements of the personnel discussion, both in the preparation and then also during the discussion, in order to balance these dynamics and to conduct oneself properly in accordance with the situation.

It is important for the success of a personnel discussion to address the aims, needs and expectations of the employee. Such expectations could be of a very general nature related to the self-esteem of the employee:

- In this regard the employee expects courtesy, friendliness, acceptance, openness, tact, fairness and appreciation for example.
- In relation to their working performance, he or she probably expects appreciation, feedback, help, advice and clear structures/instructions, etc.
- And of course, these can be supplemented by very individual expectations related to working hours, salary or wages, promotion and similar matters.

Analyse the employee expectations in advance of the personnel discussion!

In addition to the discussion rules previously mentioned in Chapter 2.1, a few more communication rules are listed below that are very useful in personnel discussions:
- Be yourself as a manager, as opposed to putting on airs,
- Listen actively,
- Make use of "I"-messages,
- Formulate understandably,
- Introduce summaries,
- Repeat in your own words what the discussion partner has said in order to ensure understanding (paraphrasing).

For the personnel discussion, there is a simple phase formula (cf. Crisand & Pitzek, 1993) that is extensively applicable in general and that is appropriate for each of the personnel discussions depicted in the following sections:

Das Interview als Element in Personalgesprächen

Phasenschema für Personalgespräche

1. Gesprächsziele festlegen und definieren. Dazu bietet sich eine „smarte" Zieldefinition an (vgl. J. Kießling-Sonntag, 2006):
   - **S**pezifisch: Das Gesprächsziel sollte exakt und verständlich beschrieben werden.
   - **M**essbar: Kriterien, an denen der Gesprächserfolg gemessen werden kann, sind festzulegen.
   - **A**ktiv beeinflussbar: Es sollte ein Ziel formuliert werden, das der Mitarbeiter aktiv beeinflussen kann.
   - **R**elevant: Das formulierte Ziel sollte auf die Unternehmensziele bezogen sein. Es sollte eine Herausforderung sein, aber gleichzeitig realistisch.
   - **T**erminiert: Ein Termin, an dem das Ziel erreicht sein soll, sollte vereinbart werden.

2. Organisatorische und psychologisch-taktische Vorbereitung des Gesprächs.

3. Gesprächsdurchführung (siehe dazu das Schema in Kap. 2.2).

4. Auswertung des Gesprächs nach inhaltlich-sachlichen und nach persönlichen/psychologischen Kriterien.

7.2 Gesprächssteuerung

Personalgespräche müssen gesteuert werden. Solange der Mitarbeiter motiviert ist und das Gespräch zielorientiert und ökonomisch abläuft, können Sie Ihre lenkenden Eingriffe zurücknehmen und sich ausschließlich auf der inhaltlichen Ebene am Gespräch beteiligen. Nur Unaufmerksamkeit, Weitschweifigkeit oder Passivität des Mitarbeiters erfordern aktive gesprächssteuernde Eingriffe Ihrerseits. Dabei kann es sein, dass das Gespräch auf der inhaltlichen oder der Verhaltensebene gesteuert werden muss. Interviewtechniken können dabei helfen. Je nach Verhalten des Mitarbeiters sollten Sie das Gespräch mit folgenden Methoden steuern:

Problemfall 1: Weitschweifigkeit und mangelnde Zielorientierung
- Bitten Sie um Präzisierung.
- Stellen Sie geschlossene Fragen.
- Setzen Sie steuernde Fragen ein und vermeiden Sie explorative Fragen.
- Sorgen Sie für eine klare Strukturierung des Gesprächs.
- Formulieren Sie Ziele oder Interessen deutlich.

Phase formula for personnel discussions

1. Establishing and defining discussion objectives; the "smart" objective definition (cf. J. Kießling-Sonntag, 2006) is ideally suited for this:
   - **S**pecific: The desired discussion objective should be formulated clearly and comprehensibly.
   - **M**easurable: Criteria need to be defined to serve as the basis for assessing the success of the discussion
   - **A**ctive influence: A goal should be formulated that is within the employee's sphere of influence.
   - **R**elevant: The formulated objective should be in relation to the objectives of the company. It should be a challenge, but realistic at the same time.
   - **T**ime-phased: A date should be designated by which the objective is to be reached.

2. Organisational and psychological as well as tactical preparation of the discussion.

3. Conducting the discussion (for this, also see the formula in Chapter 2.2).

4. Assessment of the discussion on the basis of its content and relevant technical matters and on the basis of personal/psychological criteria.

7.2 Directing the Discussion

Personnel discussions must be directed. As long as the employee is motivated and the discussion runs efficiently in a way that coincides with the objectives, you can be more reserved with directive interventions and participate in the discussion solely at the content level. Only inattentiveness, passiveness or drifting from the subject on the part of the employee require you to intervene and direct the discussion. In such a case, it may be necessary for you to steer the discussion at the content or behavioural level. Interview techniques can help you in this. Depending on the conduct of the employee, you should guide the discussion with the following methods:

Problem Case 1: Drifting and Insufficient Focus on the Objective(s)
- Ask for more precision.
- Pose closed questions.
- Use directive questions and avoid explorative questions.
- Ensure that the discussion is clearly structured.
- Formulate objectives or interests clearly.

- Fassen Sie den Stand des Gesprächs oder der Zielerreichung immer wieder zusammen.

Problemfall 2: Passivität
- Stellen Sie offene, explorative (vor allem motivierende) Fragen und vermeiden Sie geschlossene Fragen.
- Legen Sie bewusst Sprechpausen ein und halten Sie dies aus.
- Verbinden Sie Blickkontakt mit zugewandter, offener Körperhaltung.
- Loben Sie Gesprächsaktivitäten des Mitarbeiters.
- Zeigen Sie Wertschätzung.
- Äußern Sie Kritik nur zurückhaltend, sehr sachlich und konstruktiv und verwenden Sie dabei Ich-Botschaften.
- Greifen Sie Aussagen des Mitarbeiters auf.
- Heben Sie Gemeinsamkeiten stärker als Widersprüche hervor.
- Sprechen Sie Ihren Gesprächspartner persönlich an.

Problemfall 3: Unaufmerksamkeit
- Stellen Sie Ihrem Gesprächsbeitrag eine Information auf der Metaebene voran, mit der Sie ausdrücken, was Sie denken, fühlen oder tun wollen: *„Ich werde mich kurzfassen."* oder *„Ich kann mir vorstellen, dass Ihnen diese Frage sehr unangenehm ist."*
- Sprechen Sie Ihren Gesprächspartner persönlich an.
- Machen Sie Aussagen zu Bedeutung, Dringlichkeit oder der gebotenen Eile.
- Setzen Sie so genannte „Attention Steps" ein, also aktuelle oder persönliche Bezüge, Humor, Visualisierungen, praktische Beispiele oder sogar eine kleine Provokation.
- Modulieren Sie Ihre Stimme ganz bewusst.

Wichtig ist es in jedem Fall, mit gutem Beispiel voranzugehen. Wenn die vorgeschlagenen Steuerungsmechanismen nicht helfen, müssen direktere Steuerungsmittel ergriffen werden. Machen Sie dann das Gespräch selbst, seinen Verlauf oder den Umgang miteinander zum Thema, um das Problem zu klären.

7.3 Formen von Personalgesprächen

Jedes Personalgespräch sollte individuell und situativ vorbereitet werden. Aufgrund der Einzigartigkeit der Einflussfaktoren aus dem Umfeld, des thematischen Schwerpunkts, der Gesprächsziele und nicht zuletzt aufgrund der Besonderheiten der jeweiligen Gesprächspartner ist kein Personalgespräch wie das andere.

- Summarise the state of the discussion or attainment of the objective(s) regularly.

Problem Case 2: Passiveness
- Pose open, explorative (above all motivating) questions and avoid closed questions.
- Consciously insert speaking pauses and wait them out patiently.
- Combine eye contact with an open posture facing the interviewee.
- Praise the employee's contributions to the discussion.
- Show appreciation.
- Be reserved with criticism and use "I" messages in a very objective, constructive manner.
- Pick up on statements the employee makes.
- Place more emphasis on commonalities than on contradictions.
- Address your discussion partner personally.

Problem Case 3: Inattentiveness
- Precede your contribution to the discussion with information at the "Meta" level which expresses what you are thinking, feeling or want to do: *"I'll keep it brief."*, or *"I can imagine that this question makes you feel very uncomfortable."*
- Address your discussion partner personally.
- Make statements on the importance, urgency or the required haste of the matter.
- Use "attention steps"; current or personal correlations, humour, visualisations, practical examples or even a small provocation.
- Modulate your voice very consciously.

In any case, it is important to set a good example. If the directive mechanisms recommended above do not help, then direct guidance aids must be applied. Make the discussion itself, its course or your dealings with one another the topic in order to clear up the problem.

7.3 Personnel Discussion Forms

Every personnel discussion should be prepared individually and according to the situation. Due to the unique nature of the influencing factors from the surroundings, the thematic focus, the objectives of the discussion and not least the particularities of each discussion partner, no personnel discussion is like any other.

In den folgenden Abschnitten werden beispielhaft zwei wichtige Gesprächstypen ausführlicher dargestellt: das Zielvereinbarungsgespräch sowie das Entwicklungs- und Laufbahngespräch.

7.3.1 Zielvereinbarungsgespräch

Zielvereinbarungsgespräche finden regelmäßig, oft jährlich oder halbjährlich, zwischen Führungskraft und Mitarbeiter statt, um die Leistungen und Erfolge, die der Mitarbeiter in der zurückliegenden Periode erbracht hat, mit den Zielvorgaben zu vergleichen und um neue Ziele festzulegen. Die Zielvereinbarungen schaffen Transparenz darüber, was eigentlich vom Mitarbeiter erwartet wird. Diese Klarheit gibt Sicherheit. Außerdem haben Ziele eine motivierende Funktion: Ihre Erreichung ist überprüfbar und sie können leicht mit einem Prämiensystem kombiniert werden.

Thematisiert werden kann auch, wie die Führungskraft den Mitarbeiter dabei unterstützen kann, innerhalb der nächsten Periode die gesetzten Ziele zu erreichen. In dieser Sitzung hat der Mitarbeiter Gelegenheit, alle Probleme und Sorgen mit dem Vorgesetzten zu besprechen, die seine Arbeitsleistung, seine Arbeitszufriedenheit oder seine Zukunft bei dem Unternehmen betreffen. Statt sich mit der Vergangenheit zu beschäftigen, verlangt diese Gesprächsform von beiden Partnern, sich auf die Leistung in der Zukunft zu konzentrieren. Der Mitarbeiter sollte dazu ermutigt werden, Vorschläge zu machen, wie der Vorgesetzte ihm dabei helfen kann, seine Leistungen zu verbessern und seine Ziele zu erreichen. Der Vorgesetzte wird dadurch zunehmend zum Coach.

> *Im Gespräch muss der Vorgesetzte dafür Sorge tragen, dass die Ziele des Unternehmens, die arbeitsplatzbezogenen Ziele des Mitarbeiters und dessen persönliche Ziele (z.B. Entwicklungs- oder Karriereziele) im Zielvereinbarungsprozess berücksichtigt werden.*

Er muss besonders darauf achten, dass die Zielsetzungen und Verbesserungspläne des Mitarbeiters geeignet sind, die Vorhaben des Vorgesetzten bzw. des Unternehmens zu realisieren.

Vorbereitung

Der Gesprächstermin sollte frühzeitig festgesetzt werden, damit sich auch der Mitarbeiter gut auf das Gespräch vorbereiten kann. Bei der Terminvereinbarung sollten Sie den Mitarbeiter also dazu auffordern, sich auf das Gespräch vorzubereiten, indem er sich seine persönlichen und seine arbeitsbezogenen Ziele klarmacht.

7.3.1 Target Agreement Discussion

Target agreement discussions take place regularly, often annually or semi-annually, between the manager and the employee to compare the performances and success of the employee during the preceding period with the prescribed objectives, and to agree on new objectives. Target agreements create transparency regarding what is actually expected of the employee. This clarity provides a sense of security. Objectives additionally have a motivating function: Their attainment can be checked and they can easily be combined with a bonus scheme.

How the manager can help the employee in achieving the established objectives during the upcoming period can also be made a topic. This meeting gives employees the opportunity to discuss with their supervisors any problems or concerns regarding their work performance, job satisfaction or their future in the company. Instead of focusing on the past, this discussion form requires both partners to concentrate on the performance in the future. The employee should be encouraged to make suggestions as to how the manager or supervisor can help to improve the employee's performance and reach the prescribed objectives. This increasingly makes the role of the supervisor that of the "coach".

> *In the discussion, the manager must ensure that consideration is given in the process of agreeing objectives for those of the company, the job-related objectives of the employee and his or her personal objectives (e. g. development or career goals).*

The manager must be particularly attentive to the fact that the goals and recommendations of the employee are appropriate for realising the manager's own plans or those of the company.

Preparation

The date for the discussion should be set early on so that the employee also has the opportunity to prepare adequately for the discussion. In making the appointment, you should therefore call upon the employee to prepare for the discussion by clarifying in their own mind what their personal and job-related objectives are.

- „Was möchten Sie im kommenden Jahr erreichen?"
- „In welchem Ihrer Aufgabenbereiche halten Sie eine Verbesserung für notwendig?"
- „Welche Ziele haben Sie sich gesetzt, um bessere Arbeit zu leisten?"
- „Mit welchen Maßnahmen wollen Sie in diesem Jahr Ihre Leistung oder die Leistung Ihrer Arbeitsgruppe verbessern?"

Ablauf

Da der Mitarbeiter im Laufe des Gesprächs mit Fehlern oder Defiziten konfrontiert werden kann und er sich gleichzeitig zu anspruchsvollen neuen Zielen bekennen soll, ist es wichtig, dass ein ausgesprochenes Vertrauensverhältnis zwischen Führungskraft und Mitarbeiter besteht.

Ablauf eines Zielvereinbarungsgesprächs

1. Begrüßung und Gesprächseröffnung

Klären Sie den Anlass des Gesprächs und sprechen Sie über Grundsätzliches zum Führen mit Zielen sowie über bisherige Erfahrungen mit Zielvereinbarungen.

2. Zielerreichung

In dieser Phase erfolgt die Bewertung des Zielerreichungsgrades aus Sicht des Mitarbeiters:
- „Wie ist der Zielerreichungsgrad unter Berücksichtigung der vereinbarten Messkriterien?"
- „Wo gibt es Zielabweichungen? Worauf sind sie zurückzuführen?"

Weicht Ihre Einschätzung von der Ihres Mitarbeiters ab, bewerten Sie nun den Zielerreichungsgrad aus Ihrer Sicht. Nach Möglichkeit sollten beide am Ende zu einer einheitlichen Einschätzung des Zielerreichungsgrades kommen. Fällt eine Einigung schwer, sollten Sie die Gründe für die unterschiedlichen Bewertungen erkunden.

3. Analyse der Zielabweichungen

Beantworten Sie gemeinsam die Fragen:
- „Handelt es sich um eine Über- oder eine Unterschreitung?"
- „Wie ist die Abweichung zu bewerten?"
- „Was hat die Zielumsetzung gefördert oder behindert?"
- „Wie waren die Rahmenbedingungen?"
- „Wie ist der Mitarbeiter für die Abweichung verantwortlich?"
- „Welche Unterstützung wäre notwendig gewesen?"
- „Welche Konsequenzen ergeben sich für die neue Zielvereinbarung?"

Eine Überschreitung muss nicht zwangsläufig gut, eine Unterschreitung nicht unbedingt schlecht sein.

- *"What do you want to achieve in the upcoming year?"*
- *"In what areas of your duties do you see room for improvement?"*
- *"What goals have you set for yourself to improve your work performance?"*
- *"What measures do you envisage in the coming year to improve your performance or the performance of your workgroup?"*

Sequence

Since the employee may be confronted with mistakes or deficiencies and is simultaneously expected to sign on for new objectives during the course of the discussion, it is important that there is an extremely trusting relationship between the employee and the manager.

Sequence of a target agreement discussion

1. Greeting and opening of the discussion

Explain the reason for the discussion and talk about basics of management with objectives and previous experiences with agreeing objectives.

2. Attainment of objectives

This phase comprises the assessment of the degree of objective attainment in the employee's view:
- "What is the degree of objective attainment in the light of the agreed measurement criteria?"
- "Where are there discrepancies in the objectives? What are they attributable to?"

If your assessment differs from the employee's, then evaluate the degree of objective attainment from your perspective. Wherever possible, both of you should reach a consistent estimate of the degree of objective attainment in the end. If agreement on this proves difficult, you should investigate the reasons for the differing assessments.

3. Analysis of objective discrepancies

Together, answer the following questions:
- "Is this an over-attainment or an under-attainment?"
- "How should the discrepancy be appraised?"
- "What promoted or hindered the realisation of the objective?"
- "How were the framework conditions?"
- "How is the employee responsible for the discrepancy?"
- "What support would have been necessary?"
- "What are the consequences for the new agreement of objectives?"

Over-attainment is not necessarily good, and under-attainment is not necessarily bad.

4. Zielsammlung

Ermitteln Sie Zielvorschläge Ihres Gesprächspartners, indem Sie ihn fragen:
- „Welche Zielvorschläge haben Sie für die kommende Arbeitsperiode (z.B. Geschäftsjahr)?"
- „Welche Beweggründe haben Sie für diese Zielvorschläge?"
- „Welche Vorteile/Chancen und Risiken sehen Sie?"
- „Welche Veränderungen werden dadurch eingeleitet?"

Machen Sie Ihre eigenen Zielvorstellungen deutlich und erklären Sie sie anhand der Bereichsziele aus dem übergeordneten Zielsystem.

5. Zielverhandlung

Versuchen Sie, eine gemeinsame Basis zu schaffen, und bemühen Sie sich um einen Ausgleich voneinander abweichender Vorstellungen. Wenn keine unmittelbare Einigung möglich ist, können Sie folgende Fragen stellen:
- „Angenommen, wir würden das Ziel vereinbaren: Welche Konsequenzen hätte das?"
- „Unter welchen Bedingungen können wir uns beide auf das Ziel einlassen?"
- „Was können wir stattdessen vereinbaren?"

6. Zieldefinition

Die Ziele sollten jetzt „smart" (vgl. Kap. 7.1) definiert, priorisiert und schriftlich festgehalten werden.

7. Nebenvereinbarungen

Eventuell sind zusätzliche Vereinbarungen notwendig, damit ein Mitarbeiter die definierten Ziele erreichen kann. Beispielsweise können zusätzliche Unterstützung, Ressourcen, organisatorische Veränderungen oder Weiterbildung notwendig sein.

In dieser Phase sollten – vor allem bei einem langen Zielhorizont – Zwischengespräche vereinbart werden, damit unangenehme Überraschungen bezüglich der Zielerreichung vermieden werden.

8. Gesprächsabschluss

Ein Kontrakt wird geschlossen, indem das Gesprächsprotokoll von beiden Seiten unterschrieben wird.

7.3.2 Entwicklungs- und Laufbahngespräch

Die Entwicklung eines Unternehmens wird vor allem von den Kompetenzen und Potenzialen der Mitarbeiter bestimmt. Um mit der hohen Umweltdynamik Schritt halten zu können, müssen Unternehmen nicht nur über qualifizierte, sondern auch über veränderungsbereite und lernbereite Mitarbeiter verfügen. Den Führungskräften kommt hier die bedeutende und verantwortungsvolle Aufgabe zu, die individuellen Kompetenzen und Potenziale ihrer

4. Gathering objectives

Get recommendations for objectives from your discussion partner by asking:
- "What objectives do you suggest for the coming work period (for example, fiscal year)?"
- "What are your reasons for suggesting these objectives?"
- "What benefits/opportunities and risks do you see?"
- "What changes will be introduced as a result?"

Make your own desired objectives clear and explain them on the basis of the departmental objectives from the superordinated objectives system.

5. Negotiation of objectives

Try to create a common basis and a balance of differing concepts. If no immediate agreement is possible, you can ask the following questions:
- "Let's assume that we agree to that objective: What consequences would that have?"
- "Under what conditions can we both agree to that objective?"
- "What can we agree instead?"

6. Definition of objectives

On the basis of "SMART" (cp. Chapter 7.1), the objectives should now be defined, prioritised and written down.

7. Supplementary agreements

Additional agreements may be necessary for the employee to be able to attain the defined objectives. For example, additional support, resources, organisational changes or advanced training may be required.

Intermediate discussions should be scheduled in this phase in order to prevent unwanted surprises in attaining the objectives, particularly if the time frame for them is long-term.

8. Conclusion of the discussion

A contract is agreed in the form of both parties signing the minutes of the meeting.

7.3.2 Career Development Discussion

The development of a company is determined above all by the skills and potential of its employees. In order to keep pace with the high level of environmental dynamics, companies need employees who are not only qualified, but also willing to change and learn. Accordingly, management personnel are invested with the important responsibility of acknowledging and advancing the individual skills and potential of their employees.

Mitarbeiter zu erkennen und zu fördern. Das Entwicklungs- und Laufbahngespräch ist das wesentliche Führungsinstrument für alle Phasen dieser Mitarbeiterentwicklung.

Um eine kontinuierliche Weiterentwicklung der Mitarbeiter und damit des Unternehmens zu sichern, sollte mit jedem Mitarbeiter mindestens einmal im Jahr ein Entwicklungs- und Laufbahngespräch geführt werden.

Der Begriff Mitarbeiterentwicklung zielt in diesem Sinne erst einmal nicht auf möglichst schnellen Aufstieg, Karriere oder höheres Einkommen ab, sondern dient der persönlichen Weiterentwicklung der Mitarbeiter, sodass diese ihre arbeitsplatzbezogenen Potenziale besser ausschöpfen können.

Ziele eines Laufbahn- und Entwicklungsgesprächs sind:
- Klärung der Erwartungen des Mitarbeiters und des Bedarfs des Unternehmens
- Analyse der Kompetenzen und Potenziale des Mitarbeiters
- Erstellung eines individuellen Entwicklungsplans mit Entwicklungs-, eventuell sogar Laufbahnzielen und Entwicklungsmaßnahmen, die alle Personalentwicklungsmaßnahmen umfassen können
- Abgleich des Selbstbildes des Mitarbeiters mit dem Fremdbild des Vorgesetzten
- Verbesserung der Motivation und Eigeninitiative des Mitarbeiters und der vertrauensvollen Zusammenarbeit mit dem Vorgesetzten

Die Fortschritte im Entwicklungsplan sollten Sie regelmäßig – z.B. halbjährlich – mit dem Mitarbeiter besprechen.

Ablauf eines Entwicklungs- und Laufbahngesprächs
Grundsätzlich ist das Entwicklungs- und Laufbahngespräch ein am Lebenslauf des Mitarbeiters orientiertes Interview (vgl. Sarges, 2000). Durch die Orientierung am Lebenslauf können sehr praxisnah bisherige Handlungen und Handlungsmuster herausgearbeitet werden, die einen Rückschluss auf zukünftiges Verhalten zulassen.

Ein Entwicklungs- und Laufbahngespräch kann als strukturiertes Interview anhand eines Interviewleitfadens geführt werden. Die Beispielfragen können dem Mitarbeiter auch sehr gut als Checkliste zur Vorbereitung auf das Gespräch ausgehändigt werden.

The career development discussion is the most important management instrument for every phase of employee development.

> *A career development discussion should be conducted with every employee at least once annually in order to guarantee the continuous further development of the employees and therefore the company.*

The term "employee development" in this sense does not refer to the fastest possible track to promotion, career advancement or a higher income, but instead to the continued personal development of the employees so that they are better able to make the most of their job-related potential.

The primary objectives of a career development discussion are:
- The clarification of the expectations of the employee and the company's needs
- The analysis of the skills and potential of the employee
- The creation of an individual development plan with development goals and possibly even career goals and development measures that could comprise all personal development measures
- The balancing of the employee's self-image with the supervisor's image of the employee
- The improvement of the employee's motivation, their individual initiative and trusting collaboration with the supervisor

Progress in the development plan should be discussed with the employee regularly, semi-annually for example.

Sequence of a Career Development Discussion

Basically, the career development discussion is an interview oriented on the CV of the employee (cf. Sarges, 2000). This orientation on the CV enables very practical actions and action patterns to be developed that allow an inference to future conduct.

A career development discussion can be conducted as a structured interview on the basis of interview guidelines. The sample questions below can also ideally be supplied to the employee as a checklist for their discussion preparation.

Ablauf eines Entwicklungs- und Laufbahngesprächs

1. Begrüßung und Gesprächseröffnung

Klären Sie den Anlass des Gesprächs, erörtern Sie die Bedeutung des persönlichen Entwicklungsplans und erläutern Sie die Ziele des Gesprächs.

2. Anforderungsprofil: Was muss der Mitarbeiter können?

Die Anforderungen, denen der Mitarbeiter aktuell genügen muss, werden gemeinsam erarbeitet. Dazu können auch betriebliche Dokumente wie Stellenbeschreibungen, Arbeitsanalysen oder Planungs- und Strategiedokumente herangezogen werden, die Rückschlüsse auf zukünftige Anforderungen erlauben. Wenn Weiterentwicklungen auf andere Arbeitsfelder angestrebt werden, sollten auch dazu die entsprechenden Dokumente verfügbar sein.

Beispielfragen:
- „Was sind die wichtigsten Tätigkeiten und Anforderungen Ihres derzeitigen/künftigen Arbeitsplatzes?"
- „Welche Kompetenzen und Verantwortungsbereiche haben Sie?"
- „Welche Aufgaben fordern Sie, welche Aufgaben machen Sie nicht gerne?"
- „Wie hoch muss Ihr Arbeitstempo sein?"
- „Welche Entscheidungen müssen Sie treffen?"
- Konkrete Fragen zu bestimmten Aufgaben

3. Qualifikationsprofil: Was kann der Mitarbeiter?

Außer über die Informationen aus Personalakten oder Beurteilungen sollten sich Mitarbeiter und Führungskraft hier über ihr jeweiliges Bild von den vorhandenen Mitarbeiterqualifikationen austauschen. Natürlich kann es dabei zu Meinungsverschiedenheiten kommen. Sie können Fragen stellen zu ...
- Inhalt von Ausbildung, Studium oder Berufstätigkeit,
- Stärken und Schwächen.

Weitere denkbare Fragen sind:
- „Welche Arten von Problemen lösen Sie am leichtesten?"
- „Was tun Sie gerne?"

Viele Fragen aus dem Vorstellungsgespräch können hier eingesetzt werden.

4. Potenzialprofil: Was steckt noch im Mitarbeiter?

Da sich das Potenzial des Mitarbeiters auf zukünftig mögliche Leistungen, Fähigkeiten und Einsatzmöglichkeiten bezieht, ist es naturgemäß schwierig, zu zuverlässigen Aussagen zu kommen. Auch hier können Meinungsverschiedenheiten auftreten. Als Interviewer können Sie beispielsweise Fragen stellen nach ...

Sequence of a career development discussion

1. Greeting and opening of the discussion

Explain the reason for the discussion, discuss the importance of personal development and state the objectives of the discussion.

2. Job specifications: What must the employee be able to do?

The requirements that the employee must currently meet are worked out together. Company documents such as job descriptions, work analyses or planning and strategy documents that allow inference for future conduct can serve as reference material. If further developments in other work fields are desired, then the corresponding documentation should also be provided.

Sample questions:
- "What are the most important activities and requirements of your current/future job?"
- "What skills and areas of responsibility do you have?"
- "Which tasks challenge you, which are you not so fond of?"
- "How fast does your work pace have to be?"
- "What decisions do you have to make?"
- Specific questions on specific tasks

3. Qualification profile: What are the employee's skills?

Along with the information from personnel files or assessments, the employee and manager should discuss each of their understanding of the present employee qualifications. This can of course lead to differences of opinion. You can ask questions regarding ...
- The content of the training, education or occupation,
- Strengths and weaknesses.

Additional possible questions are:
- "What types of problems are the easiest for you to solve?"
- "What do you enjoy doing?"

Many questions from the job interview can be applied to this situation.

4. Potential profile: What is your employee's untapped potential?

Since the potential of the employee is related to possible future performances, skills and assignment possibilities, it is naturally difficult to come to reliable conclusions. Differences of opinion can also arise here. As the interviewer, you could for example pose questions regarding ...

- Gründen und Motiven für Entscheidungen jeglicher Art oder
- Aktivitäten außerhalb der Arbeit.

Weitere Beispielfragen:
- „Was motiviert Sie?"
- „Was sind Bereiche, in denen Sie sich noch verbessern möchten/können?"
- „Welche Entwicklungsmöglichkeiten sehen Sie noch?"
- „Was würden Sie tun, um Ihre Leistungen zu verbessern?"
- „Was stört Sie an sich selbst?"

5. Bedürfnisprofil: Was will der Mitarbeiter?

Wiederum bieten sich Fragen nach dem Warum für Entscheidungen, nach der Motivation, Erwartungen, Zielen, Wünschen und Bedürfnissen an.

Beispielfragen:
- „Angenommen, Sie hätten die Möglichkeit, optimale Bedingungen für Ihr Arbeitsumfeld zu schaffen, was würden Sie tun?"
- „Was erwarten Sie von Ihrem Vorgesetzten?"
- „Wie sehen Sie sich in der Zukunft?"
- „Was wäre eine attraktive Herausforderung für Sie? Welche Aufgabe, welche Stelle wäre für Sie erstrebenswert?"

> *Das Profil des Mitarbeiters sollte mit den unternehmensseitigen Anforderungen an Qualifikation, Potenzial und Bedürfnisse übereinstimmen, damit Aufgaben richtig bewältigt werden können. Ist dies nicht der Fall, müssen zumindest die Mitarbeiterpotenziale die entsprechende Entwicklung erlauben. Lernen kann zwar autoritär eingefordert werden; dies hat aber wenig Sinn, wenn der Mitarbeiter an der gewünschten Entwicklung selbst nicht interessiert ist.*

6. Entwicklungsplanung und/oder Abweichungsanalyse

Gemeinsam werden die Entwicklungsziele und -maßnahmen für die folgende Periode erarbeitet. Wenn schon ein Entwicklungsplan besteht, dann sollte dessen Einhaltung jetzt überprüft werden; eventuelle Abweichungen können analysiert werden. Anschließend werden neue Entwicklungsziele und -maßnahmen vereinbart. Gegebenenfalls wird der Entwicklungsplan angepasst. Fragetechniken können in dieser Phase ebenfalls sehr effektiv eingesetzt werden.

Nach Karrierewünschen sollten Sie Ihren Mitarbeiter nur dann direkt fragen, wenn in Ihrem Unternehmen tatsächlich Aufstiegsmöglichkeiten bestehen. Denn Ihr Mitarbeiter wird, wenn Sie ihn fragen, im Zweifelsfall Interesse äußern – was soll er auch sonst sagen? Es hat aber wenig Sinn, jemanden in Karriereerwartungen „hineinzureden", für den es eine solche Perspektive derzeit nicht gibt.

- reasons and motives for decisions of any type or
- activities outside the workplace.

Additional sample questions:
- "What motivates you?"
- "In what areas do you want to/can you improve yourself?"
- "What other development possibilities do you envision?"
- "What would you do to improve your performance?"
- "What bothers you about yourself?"

5. Needs profile: What does the employee want?

In turn, questions that are appropriate here regard the reasons for decisions, the employee's motivation, expectations, goals, wishes and needs.

Sample questions:
- "Let's assume you had the opportunity to create the optimum conditions for your work environment, what would you do?"
- "What do you expect from your boss?"
- "How do you see your future?"
- "What would you see as an attractive challenge? What assignment or position would you see as worth pursuing?"

> *The employee profile should coincide with the company's requirements for qualifications, potential, and needs so that assigned tasks can be completed properly. If this is not the case, then the employee's potential must allow for the appropriate development. While learning can be ordered as such from a position of authority, it makes little sense to do so if the employee is not interested in the desired development.*

6. Development planning and/or discrepancy analysis

The development objectives and measures for the following period are worked out together. If a development plan already exists, then compliance with it should be assessed at this point; possible discrepancies can be analysed. In conclusion, new development objectives and measures are agreed. The development plan is revised if necessary. Questioning techniques can also be applied very effectively in this phase.

You should only question your employee directly regarding career wishes if there are actually opportunities for promotion in your company, because if in doubt, your employee will express interest – what else should he or she say? But it makes little sense to "talk someone into" career expectations if there are no actual prospects.

Hierarchie und Kollegialität in Personalinterviews – Beispiel Slowakei

Das Verhältnis zwischen Vorgesetztem und Mitarbeiter bzw. Bewerber gestaltet sich von Kultur zu Kultur verschieden. Stehen Sie vor der Aufgabe, Angehörige fremder Kulturen zu führen, sollten Sie sich informieren, welche Gepflogenheiten zu beachten sind. Betrachten wir beispielhaft die Slowakei, in der – anders als etwa in Frankreich (vgl. S. 48) – ein kollegiales, persönliches Verhältnis zwischen Vorgesetztem und Mitarbeiter üblich ist. Die Beziehung ist hier oft wichtiger als die Zielorientierung; der Aufbau von Vertrauen steht im Mittelpunkt.

Wichtig für Bewerbungsgespräche in der Slowakei
- Begrüßen Sie den Bewerber per Handschlag und reden Sie ihn ggf. mit Titel oder akademischem Grad an.
- Führen Sie ein personenorientiertes Gespräch und bauen Sie einen echten Kontakt zu Ihrem Gesprächspartner auf; lernen Sie ihn als Person kennen.
- Zeigen Sie Interesse und lassen Sie sich Ereignisse schildern, um die Kompetenz des Bewerbers zu prüfen.

Wichtig für Mitarbeitergespräche in der Slowakei
- In der Slowakei hat der Beziehungsaspekt Vorrang vor dem Sachaspekt – es ist v.a. entscheidend, WIE etwas gesagt wird. Demgemäß sollten Sie eher implizit formulieren und auch bei dem, was man Ihnen sagt, „zwischen den Zeilen" lesen.
- Man duzt sich in der Regel und verbringt auch in der Freizeit Zeit miteinander. Private und geschäftliche Termine sind oftmals nicht klar voneinander getrennt. Entsprechend gibt es keine klare Trennung zwischen Rolle und Person.
- Der Umgangston ist freundlich und anteilnehmend, man ist hilfsbereit und kollegial. Humor wird sehr geschätzt.
- Die Gesprächsstrategie ist eher indirekt: Man plaudert über scheinbare Nebensächlichkeiten; das Gesprächsziel entwickelt sich beiläufig.
- Es gibt ein hohes Harmoniebedürfnis; entsprechend umgeht man Auseinandersetzungen nach Möglichkeit. Offene Problemanalysen werden vermieden, um die Beteiligten nicht zu verletzen.

Hierarchy and Collegiality in Personnel Interviews – Example: Slovakia

The relationship between superiors and employees or job applicants is different from culture to culture. If you are faced with managing persons from a foreign background, you need to inform yourself regarding which conventions you should observe. Let us take the example of Slovakia, where – in contrast to somewhere like France, for instance (cf. p. 49) – a congenial, personal relationship between employees and their superiors is customary. Here, the relationship is often more important than the goal orientation, with the build-up of trust taking centre-stage.

What is Important for Job Interviews in Slovakia
- Greet applicants with a handshake and address them where applicable by their title, academic or otherwise.
- Conduct a person-oriented discussion and establish a genuine contact with your discussion partner; get to know him or her as a person.
- Demonstrate interest and allow applicants to talk about results so as to examine their level of competence.

What is Important for Employee Discussions in Slovakia
- In Slovakia, the relationship aspect supersedes the factual aspect – HOW something is said is of primary importance. Accordingly, your formulation should be implicit and you should also "read between the lines" of what is said to you.
- People generally address each other informally and spend free time together. Private and business appointments are often not clearly separated from one another. Thus, there is no clear separation between the person and his or her role.
- The tone of conversation is friendly and compassionate, and people are helpful and congenial. Humour is appreciated.
- The discussion strategy tends to be more indirect: People talk casually about apparently insignificant matters, and the aim of the discussion is reached casually.
- There is a desire to maintain harmony; therefore people tend to avoid conflicts where possible. Open analyses of problems are avoided in order to avoid hurting the person in question.

Beispiel für einen Entwicklungsplan

Entwicklungspläne können individuell oder für eine Personengruppe gestaltet werden. Ihr Zuschnitt ist entweder hierarchisch oder aufgabenorientiert.

Entwicklungsplan Frau Reiser	Dauer	Ort	Termin
Besuch des Trainingsprogramms für Nachwuchsführungskräfte	10 x 2 Tage	Kronen-Hotel, Köln	2007
Stellvertretung für den Abteilungsleiter	–	Zentrale	ab sofort
Teilprojektleitung „Beurteilerschulung"	2 Monate	Zentrale	Q1/2
Teilprojektleitung „Analyse des Betriebsklimas"	3 Monate	Werk Essen	Q2
Projektleitung „Bewerberbroschüre"	5 Monate	Zentrale	Q3/4
Hospitanz beim Personalvorstand	2 Wochen	Zentrale	ab KW 7
Teilnahme an den Abteilungsleiterkonferenzen	Monatlich	Zentrale	–
Gast im „Kreis leitender Mitarbeiter"	2 x jährlich		
Externes Seminar „Arbeitsrecht für Personaler"	4 Tage	Kongresszentrum, Berlin	10.–13.8.
Kongressbesuch „HR-Professional"	3 Tage	Messe, Frankfurt	2.–4.7.

Abb. 4: Beispiel für einen Entwicklungsplan

Example of a Development Plan

Development plans can be designed for individuals or for a particular group of persons. Their layout is organised either in terms of hierarchy or duties.

Development plan for Ms. Reiser	Duration	Place	Date
Attendance of the training programme for future managers	10 x 2 days	Kronen-Hotel, Cologne	2007
Substitution for the Department Manager	–	Headquarters	Effective immediately
Sub-project management of "Assessment Training"	2 months	Headquarters	Q1/2
Sub-project management of "Analysis of the Working Environment"	3 months	Essen plant	Q2
Project management of "Applicant Brochures"	5 months	Headquarters	Q3/4
Training under the Chief Human Resources Officer	2 months	Headquarters	From calendar week 7
Participation in Department Manager Conferences	Monthly	Headquarters	–
Guest in the "Executive Management Circle"	2 x annually		
External seminar – "Labour Law for HR Staff"	4 days	Kongresszentrum, Berlin	10.–13.8.
Attendance of "HR Professional" congress	3 days	Messe, Frankfurt	2.–4.7.

Ill. 4: Example of a development plan

8　Einsatz von Interviews in Change-Prozessen

Veränderungen sind unumgänglich! Wir leben in einer Welt, die von stetigem dynamischem Wandel geprägt ist. Aber nicht nur die Welt um uns herum, sondern auch wir selbst verändern uns ständig. Den Wandel erkennt man oft nicht so leicht. Erst bei genauerem Hinsehen sind Veränderungen feststellbar. Weil mit den notwendigen Entwicklungen nicht selten auch Risiken einhergehen, reagieren Menschen – Mitarbeiter und Führungskräfte – oft abwartend oder skeptisch auf Veränderungen.

Gründe für diese Haltung sind z.B. die Befürchtung, als Verlierer aus organisatorischen Veränderungsprozessen hervorzugehen, oder eine zunehmende Desorientierung, wenn viele, teilweise sogar widersprüchliche Veränderungen in rascher Folge auftreten, die dann auch noch schlecht kommuniziert werden oder an denen die Betroffenen nicht beteiligt werden.

Weitere Gründe für Anpassungswiderstände seitens der Betroffenen:

- Viele Menschen stehen Neuerungen generell äußerst skeptisch gegenüber und haben ein großes Sicherheitsbedürfnis, das sie an Vertrautem festhalten lässt.
- Eine selektive Wahrnehmung führt dazu, dass wir zu einmal gefällten Entscheidungen jene Informationen suchen, die die Richtigkeit unserer Entscheidung bestätigen.
- Betroffene und deren Vorgesetzte empfinden Reorganisationsvorhaben oft als unterschwelligen Vorwurf, mit falschen Strukturen und Prozessen gearbeitet zu haben.
- Speziell zu Beginn der Umsetzung von Änderungen erscheinen neue Systeme oft umständlicher und fehleranfälliger.
- Reorganisation bedeutet für die Betroffenen Mehrarbeit. Sie resultiert aus den Umstellungsarbeiten, der Einarbeitung in das neue Verfahren sowie der Behebung von Fehlern.

Angesichts dieser Anpassungswiderstände Veränderungen aus dem Weg zu gehen wäre die falsche Konsequenz.

> *Vielmehr kommt es darauf an, neue Entwicklungen richtig zu kommunizieren und die Betroffenen in den Prozess zu integrieren. Dazu können Gespräche und Interviews einen wertvollen Beitrag leisten.*

8 Using Interviews in Change Processes

Change is inevitable! We live in a world characterised by constant, dynamic change. But it is not just the world around us, we ourselves are also constantly changing, and this change is often not easily noticeable. Changes become perceptible when one looks more closely. As necessary developments are often also associated with risk, people frequently react to change with reservation or scepticism; and managers and employees are no exception to this.

Among the reasons for this attitude are: the possibility of losing out in some way as a result of organisational change processes; a growing lack of orientation if many changes, some even contradictory, occur in rapid succession and, additionally, are then communicated poorly or perhaps not at all to those affected by them.

Some other reasons for resistance to change by those affected are listed below:

- Many people are generally very sceptical about change and are characterised by a great need for security which makes them tend to "hold on" to what they know.
- Selective perception leads to us digging for information that confirms that we have made proper decisions.
- The employees affected and their supervisors often perceive re-organisation plans as a subtle insinuation that their prior working structures and processes were incorrect.
- New systems often seem to be more cumbersome and susceptible to mistakes, especially in the initial stages of the introduction of the changes that accompany them.
- Reorganisation means more work for the people affected by it. This is manifested by the work required to make the changes, by the initiation into the new processes and by the elimination of mistakes or defects.

In the light of this resistance to adapting to new circumstances, it would be misguided to avoid changes.

> *Instead, the issue is to communicate new developments correctly and to integrate those affected into the process. Discussions and interviews can make a valuable contribution in this regard.*

8.1 Begriffsbestimmungen

Change-Management – wörtlich: das Management von bzw. der Umgang mit Veränderungen – ist ein vielgestaltiger Begriff, der in der Praxis für eine ganze Reihe von Sachverhalten verwendet wird:

1. Umgang mit Krisen:
   Da es sich beim Krisenmanagement um ein reaktives Vorgehen handelt, das oft sogar spontan und einmalig und damit nicht langfristig geplant auftritt, ist der Begriff Change-Management bei dieser Form des Umgangs mit Veränderungen an sich nicht geeignet. Besser ist es, in diesem Zusammenhang bei dem Begriff Krisenmanagement zu bleiben.

2. Begleitung von Projekten:
   Da zahlreiche Projekte mit Veränderungen in der Organisationsstruktur, bei Produkten oder Arbeitsabläufen verbunden sind, ändern sich durch sie für viele Mitarbeiter die Arbeitsbedingungen. Der Begriff Change-Management wird für projektbegleitende Aktivitäten verwendet, die dazu dienen, die Einführung der Veränderungen, die sich infolge des Projektes ergeben, zu unterstützen.

3. Organisationsentwicklung:
   Dieser Ansatz beschäftigt sich mit geplanten Veränderungen in Organisationen und kann insofern gleichbedeutend mit der Bezeichnung Change-Management stehen. Ursprünglich war mit dem Begriff der Organisationsentwicklung auch eine bestimmte Philosophie und Methodik verbunden, weswegen die Organisationsentwicklung eher als eine Methode im Rahmen des Change-Managements betrachtet werden sollte. Da der Begriff jedoch zunehmend allgemeiner verwendet wird, besteht im täglichen Sprachgebrauch oft kein Unterschied mehr zwischen den Bezeichnungen Organisationsentwicklung und Change-Management.

4. Management kontinuierlicher Veränderungen:
   Die Initiierung, Planung, Steuerung und Kontrolle ständiger Veränderungsprozesse, die dazu dienen, das Unternehmen ständig optimal an eine sich wandelnde Umwelt anzupassen, bezeichnet man ebenfalls als Change-Management.

Gablers Wirtschaftslexikon (Wiesbaden 2004) definiert den Begriff Change-Management folgendermaßen:

8.1 Terminology

"Change management" – literally: managing or dealing with changes – is a broad term that is used to describe an array of circumstances:

1. Dealing with crises:
   Since "crisis management" represents a reactive procedure that often even arises spontaneously for a specific situation and is therefore not planned for the long-term, the term "change management" is not really applicable for this form of handling change. It is better to stick with the term "crisis management" to describe this type of situation.

2. Project management:
   Since many projects are inherently linked with changes in the organisational structure, in products or in work processes, they also imply changes in the work conditions for many employees. The term "change management" is used to describe activities that are intertwined in projects that are conducted as support measures for the introduction of changes resulting from the projects themselves.

3. Organisation development:
   This approach addresses planned changes in organisations and can as such have the same meaning as the term "change management". Originally, the term "organisation development" was also linked to a specific philosophy and methodology, which is why "organisation development" was previously more likely to be viewed as a method within the framework of "change management". But since the term has come to be used more generally over time, today there is often no longer any difference in the day-to-day use of the terms "organisation development" and "change management".

4. Continuous change management:
   The initiation, planning, direction and control of continuous change processes intended to constantly keep a company at the cutting edge of its operational environment to the greatest possible extent is also referred to as "change management".

Gablers Economic Dictionary (2004) defines the term "change management" as follows:

Einsatz von Interviews in Change-Prozessen

Definition: Change-Management

„Strategie des geplanten und systematischen Wandels, der durch die Beeinflussung der Organisationsstruktur, Unternehmenskultur und individuellem Verhalten zu Stande kommt, und zwar unter größtmöglicher Beteiligung der betroffenen Arbeitnehmer. Die gewählte ganzheitliche Perspektive berücksichtigt die Wechselwirkung zwischen Individuen, Gruppen, Organisationen, Technologie, Umwelt, Zeit sowie Kommunikationsmustern, Wertestrukturen, Machtkonstellationen etc., die in der jeweiligen Organisation real existieren."

8.2 Interviews und Gespräche im Rahmen des Change-Managements

Ablauf von Change-Prozessen hinsichtlich der Gesprächsführung
Um die Bedeutung von Interviews und Gesprächen im Rahmen von Change-Prozessen richtig einschätzen zu können, ist es hilfreich, den typischen Verlauf von Change-Prozessen zu betrachten. Dabei ist in der Praxis kein Change-Projekt wie das andere; daher muss die Vorgehensweise immer wieder neu geplant werden. Dennoch trifft man vielfach Gemeinsamkeiten im Verlauf von Change-Prozessen an. Den folgenden Ausführungen liegt ein Ablaufschema von Graf-Götz und Glatz (2003) zu Grunde, das hier auf den Einsatz von Gesprächs- und Interviewtechniken übertragen wird.

Verlauf von Change-Prozessen

1. Orientierungs- und Planungsphase

Probleme werden identifiziert und aus verschiedenen Perspektiven betrachtet. Im Anschluss sollte eine Entscheidung über die Durchführung eines Change-Projektes fallen.

Gesprächs- und Intervieweinsatz: Gespräche unter den Betroffenen sowie unter den Entscheidungsträgern und der designierten Projektgruppe finden statt, um ein Problembewusstsein zu schaffen, verschiedene Sichtweisen zu erhalten und erste Lösungsvorschläge zu generieren.

Beispielhafte Fragestellungen:
- „Welche Informationen über die gegenwärtige Situation sind verfügbar?"
- „Wie sehen Sie die Situation?"
- „In welcher Weise betrifft Sie das Problem?"
- „Wie arbeiten Sie mit anderen zusammen?"
- „Wie werden Sie beeinflusst?"
- „Welche Probleme sind Ihnen bewusst geworden?"

Definition: change management

"The strategy of planned, systematic change that emerges through the influence of the organisational structure, corporate culture and individual conduct, which indeed involves the greatest possible participation of the affected employees. The selected integrated perspective takes into consideration the interaction between individuals, groups, organisations, technology, the environment, time and communication patterns, value structures, power constellations, etc., that actually exist within the respective organisation."

8.2 Interviews and Discussions within the Context of Change Management

Sequence of Change Processes in Relation to Discussion Direction

In order to correctly appraise the significance of interviews and discussions within the framework of change processes, it is helpful to study the typical sequence of change processes. In practice, no change project is like another; therefore the manner of procedure must always be planned on a case-by-case basis. Nevertheless, one encounters many similarities in the course of change processes. The following information is based on the operational sequence developed by Graf-Götz and Glatz (2003) that is applied here to the use of discussion and interview techniques.

Sequence of change processes

1. Orientation and planning phase

Problems are identified and observed from a variety of perspectives. Then, a decision should be made regarding the implementation of a change project.

Use of discussions and Interviews: Discussions among those affected, the decision-makers and the designated project group in order to create an awareness of the problems, obtain different perspectives and generate initial recommendations for solutions.

Sample Questions:
- "What information is available on the current situation?"
- "How do you see the situation?"
- "In what way does the problem affect you?"
- "How do you work together with others?"
- "How are you being influenced?"
- "What problems have you become aware of?"

2. Diagnosephase, „unfreezing"

Die Situation und die Rahmenbedingungen werden zusammen mit den Betroffenen ausführlich analysiert.

Gesprächs- und Interviewseinsatz: Im Rahmen der Diagnose können beispielsweise kommunikative Verfahren wie Workshops, Einzel- und Gruppeninterviews (Appreciative Inquiry oder qualitative Interviews, vgl. Kap. 8.3 und 8.4) oder Großgruppenmethoden eingesetzt werden.

Beispielhafte Fragestellungen:
- „Welche Probleme sind aufgetreten? Seit wann oder wie oft?"
- „Wo treten die Probleme auf?"
- „Wer ist daran beteiligt? Wie sind die Machtkonstellationen?"
- „Welche Strukturen, Werte und persönliche Verhaltensweisen tragen zu den Problemen bei?"
- „Welche Rahmenbedingungen spielen eine Rolle?"
- „Welche speziellen Sachprobleme gibt es? Was gibt es dazu zu sagen?"
- „Wodurch könnten die Probleme verschärft werden?"

3. Planungsphase, „moving"

Veränderungsziele, Maßnahmen und konkrete Umsetzungspläne werden erarbeitet. An dieser Phase sollten die Betroffenen wiederum intensiv beteiligt werden.

Gesprächs- und Interviewseinsatz: Verfahren wie Workshops, Einzel- und Gruppeninterviews (Appreciative Inquiry oder qualitative Interviews) oder Großgruppenmethoden sind auch hier sehr hilfreich. Bei vielen Verfahren verschwimmt die Grenze zwischen Diagnose, Planung und Intervention.

Beispielhafte Fragestellungen:
- „Wie wünschen Sie sich die Zukunft? Was ist Ihre Vision?"
- „Wo sollten wir in X Jahren stehen?"
- „Was sind unsere Erfolgsfaktoren und Stärken?"
- „Was können Sie bis wann beitragen?"

4. Umsetzungs- und Kontrollphase, „refreezing"

In dieser Phase werden die geplanten Maßnahmen durchgeführt; ihre Wirksamkeit wird überprüft.

Gesprächs- und Interviewseinsatz: Für die Auswertung der Umsetzung und ihrer Erfolge werden Einzel- oder Gruppeninterviews durchgeführt.

Beispielhafte Fragestellungen:
- „Welche Maßnahmen wurden bisher umgesetzt?"
- „Wie schätzen Sie deren Erfolg ein?"
- „Welche Probleme sind aufgetreten?"
- „Was müsste zusätzlich noch getan werden?"
- „Wie zufrieden sind Sie mit dem Erreichten?"
- „Was können Sie zusätzlich noch tun?"

2. Diagnosis phase, "unfreezing"

The situation and the framework conditions are analysed in great detail together with the persons affected.

Use of discussions and Interviews: The diagnosis can include the implementation of communicative procedures such as workshops, individual and group interviews (Appreciative Inquiry or qualitative interviews, cp. Chapters 8.3 and 8.4) or specific measures for large groups.

Sample Questions:
- "What problems have appeared? Since when and how often?"
- "Where do the problems appear?"
- "Who is involved? What are the power constellations?"
- "What structures, values and personal behavioural patterns contribute to the problems?"
- "What framework conditions play a role?"
- "What particular work-related problems are there? What can be said about this?"
- "What could make the problems more severe?"

3. Planning phase, "moving"

Targeted changes, measures and specific implementation plans are worked out. The persons affected should also be intensively involved in this phase.

Use of discussions and Interviews: Procedures such as workshops, individual and group interviews (Appreciative Inquiry or qualitative interviews) or specific methods for large groups are also very helpful here. In many of the procedures, the borders between diagnosis, planning and intervention are blurred.

Sample Questions:
- "How would you like the future to be? What is your vision?"
- "Where should we be in X years?"
- "What are our success factors and strengths?"
- "What can you contribute and how soon?"

4. Implementation and control phase, "refreezing"

The planned measures are implemented in this phase; their effectiveness is monitored.

Use of discussions and Interviews: Individual or group interviews are conducted for the evaluation of the implementation and its success.

Sample Questions:
- "What measures have been implemented up to now?"
- "How would you appraise their success?"
- "What problems have arisen?"
- "What needs to be done in addition?"
- "How satisfied are you with what has been achieved?"
- "What can you still do in addition?"

Einsatz von Interviews in Change-Prozessen

Weitere Beispielfragen zum Einsatz in Change-Gesprächen

Problemerkennung
- „Welche Probleme, Problemsichten gibt es?"
- „Wer sieht das Problem? Wer sieht es nicht?"
- „Was wird gesehen? Was wird ausgeblendet?"
- „Wer ist von dem Problem betroffen?"
- „Wer von den Betroffenen nimmt das Problem wie wahr? Was nehmen die Betroffenen nicht wahr?"
- „Welche Betroffenen sehen keine Probleme?"
- „Woher kommt Veränderungsdruck?"

Problemdiagnose
- „Was läuft nicht gut? Welche Störungen und Hindernisse treten auf?"
- „Welche Schwächen haben wir?"
- „Welche Strukturen, Werte und Rahmenbedingungen bedingen das Problem oder sorgen dafür, dass es weiter besteht?"
- „Wem hilft das Problem? Hat das Problem auch Vorteile? Wird problematisches Verhalten belohnt? Wodurch?"
- „Wodurch würde das Problem verschärft?"
- „Welche Nachteile bringt das Problem mit sich? Für wen? Wie groß sind diese?"

Stärkenanalyse
- „Was läuft bislang gut?"
- „Wo liegen unsere Stärken und Potenziale? Welche sind das?"
- „Was machen wir bislang schon richtig?"
- „Was sollte systematisch und konsequent ausgebaut werden?"
- „Was gibt uns Energie?"
- „Wozu wären wir noch fähig?"
- „Worauf sind wir stolz?"

Vgl. Fragestellungen des AI-Ansatzes, Kap. 8.3.2.

Lösungssuche
- „Welche Chancen und Möglichkeiten sehen Sie?"
- „Welche Potenziale und Stärken könnten wir besser nutzen? Was liegt brach?"
- „Welche Fähigkeiten sollten wir uns aneignen?"
- „Gegen welche zukünftigen Gefahren/Herausforderungen sollten wir uns wappnen? Womit müssen wir rechnen?"
- „Welche Hindernisse könnten auftreten?"

Maßnahmenplanung
- „Was ist konkret zu tun?"
- „Wie lange braucht das?"
- „Welche Hilfsmittel und Ressourcen sind dazu notwendig?"
- „Wer könnte das übernehmen?"
- „Für wen hätte diese Lösung Vor- und für wen Nachteile?"
- „Welchen Einfluss hätte diese Lösung auf unsere Umwelten?"

Additional sample questions for change discussions

Problem recognition
- "What problems and/or problem identifications are there?"
- "Who sees the problem? Who does not?"
- "What is seen? What is obscured?"
- "Who is affected by the problem?"
- "Of those affected, who perceives the problem and how? What are the persons affected failing to perceive?"
- "Which of the persons affected see no problems?"
- "Where is pressure for change coming from?"

Problem diagnosis
- "What is not working well? What disruptions and obstacles are emerging?"
- "What are our weaknesses?"
- "What structures, values and framework conditions are related to the problem or are ensuring that it persists?"
- "Who benefits from the problem? Does the problem also have advantages? Is problematic conduct being rewarded? In what way?"
- "What has aggravated the problem?"
- "What disadvantages does the problem entail? For whom? How significant are these disadvantages?"

Strengths analysis
- "What has been going well up to now?"
- "Where do our strengths and potentials lie? What are they?"
- "What have we been doing right up to now?"
- "What should be systematically and consistently expanded?"
- "What energises us?"
- "What would we additionally be capable of?"
- "What are we proud of?"

Cf. questions from the "AI" approach, Chapter 8.3.2.

Search for solutions
- "What chances and opportunities do you see?"
- "What potentials and strengths could we make better use of? What is currently lying idle?"
- "What capabilities should we acquire?"
- "What future dangers/challenges should we prepare for? What should we anticipate?"
- "What obstacles might arise?"

Measures planning
- "What needs to be done specifically?"
- "How long will it require?"
- "What facilitators and resources are needed for that?"
- "Who could be responsible for it?"
- "Who would benefit and who would be disadvantaged by this solution?"
- "What influence would this solution have on our surroundings?"

Der Stellenwert von Fragen im Change-Prozess: Wozu dienen Fragen?

Fragen können im Rahmen von Change-Prozessen ganz unterschiedlich eingesetzt werden. Ihre wichtigste Funktion ist die **Informationsbeschaffung**. Die Mitarbeiter sind die größten Experten für ihre jeweiligen Aufgabengebiete. Ohne das kollektive Wissen und die Erfahrungen von Mitarbeitern würden Entscheider in den Managementebenen wesentliche Erkenntnisse ausblenden.

Fragen helfen aber nicht nur auf der Ebene der Informationsbeschaffung:

- Im Rahmen einer Befragung können Denkprozesse angestoßen werden, die zu neuen Erkenntnissen führen.
- Möglicherweise werden bekannte Informationen neu kombiniert, sodass neue Schlussfolgerungen möglich sind.

Das aktivierende und beteiligende Element von Fragen ist ein willkommener Stimulus im Change-Management:

> *Durch Fragen werden Unbeteiligte zu Beteiligten, sie werden aufgefordert, mitzudenken und sich einzubringen.*

Je dezentralisierter das Unternehmen organisiert ist und je kooperativer die Führung wahrgenommen wird, desto wichtiger ist diese Funktion von Fragen.

Damit einher geht noch ein weiterer positiver Aspekt einer fragenorientierten Gesprächsführung: Bei jemandem, der sich aufgrund einer Befragung Gedanken macht, zu eigenen Schlussfolgerungen gelangt und eventuell sogar eigene Ideen einbringt oder sich anderweitig aktiv beteiligt, wird ein Prozess in Gang gesetzt. Der Befragte entwickelt Erwartungen, die er heranziehen wird, um die Veränderungen im Unternehmen zu bewerten.

Fragen führen nicht nur zu neuen Erkenntnissen oder einer geänderten Haltung, sondern sie können auch das Verhalten der Befragten verändern.

Ein Mitarbeiter wird zu Qualitätsproblemen in seinem Arbeitsbereich befragt. Im Laufe das Interviews werden ihm z.B. die folgenden Fragen gestellt:
- *„Welche Qualitätsprobleme haben wir?"*
- *„Wodurch entstehen sie?"*
- *„Welche Konsequenzen hat das für uns auf dem Absatzmarkt?"*
- *„Was könnten wir zur Behebung unserer Probleme tun?"*
- *„Was könnten Sie tun?"*

The Significance of Questions in the Change Process: What Purpose do Questions Serve?

Questions can be applied in a large variety of ways within the context of change processes. Their most important function is the acquisition of information. The employees are the best experts for their individual range of duties. Without the collective knowledge and the experience of employees, decision-makers at management levels would obscure important information.

But questions help not only at the information procurement level:
- Within the context of questioning, thinking processes can be prompted that lead to new realisations.
- It is possible for information that is already known to be combined in new ways, possibly resulting in new conclusions.

The element of questions that activates and invites participation is a welcome stimulus in "change management":

> *Questions make participants out of non-participants, who are then called upon to take part and become involved in the thinking process.*

The more decentralised the company's organisation is and the more cooperative its management is perceived to be, the more important this function of questions becomes.

Part and parcel to this is another positive aspect of question-oriented discussion direction: A process is initiated in someone who, due to a questioning session, begins to develop his or her own thoughts, comes to his or her own conclusions and possibly even provides his or her own ideas or becomes otherwise actively involved. The interviewee develops expectations to which he or she will refer in evaluating the changes in the company.

Questions not only lead to new realisations or a changed attitude, but they can also change the behaviour of the interviewee.

An employee is questioned about quality problems in his department. He is asked the following questions, as an example, during the interview:
- *"What quality problems do we have?"*
- *"How do they come about?"*
- *"What consequences does this have for us on the sales market?"*
- *"What could we do to eliminate our problems?"*
- *"What could you do?"*

> Wenn sich der befragte Mitarbeiter, ausgelöst durch das Interview, nun erstmals ernsthaft mit dem Thema Qualität und seiner Bedeutung für das Unternehmen und auch für ihn und seinen Arbeitsplatz auseinandersetzt, dann entwickelt er vermutlich auch ein neues, gesteigertes Qualitätsbewusstsein, das sein Verhalten in Zukunft beeinflussen wird. Insofern ist schon eine Frage eine Intervention.

8.3 Appreciative Inquiry

8.3.1 Philosophie und Grundannahmen der Appreciative Inquiry

(Die folgenden Ausführungen orientieren sich an zur Bonsen und Maleh, 2001.) Appreciative Inquiry (AI) bedeutet frei übersetzt „wertschätzende Erkundung und Entwicklung". Im engeren Sinn handelt es sich dabei um ein Instrument zur Organisationsentwicklung, im weiteren Sinn ist es viel eher eine Philosophie. In deren Mittelpunkt stehen unsere Grundhaltung, mit der wir etwas betrachten oder tun, und die Frage, wie sich diese Grundhaltung auf unser Handeln auswirkt. AI wurde Mitte der 1980er-Jahre in den USA von David Cooperrider und Suresh Srivastva entwickelt.

Der Kernpunkt der Methode besteht vor allem in ihrem zukunfts- und lösungsorientierten Ansatz: Bei klassischen Problemlösungsprozessen steht mit dem Problem ein Fehler, eine Schwäche oder ein Defizit, das abgebaut werden muss, im Mittelpunkt der Arbeit. Beim AI hingegen liegt der Fokus auf den vorhandenen Stärken, die weiter ausgebaut werden sollen.

> *Appreciative Inquiry beruht also auf der Annahme, dass jede Organisation bereits vieles Hervorragende vorweist und damit über Potenziale verfügt, die ausgeschöpft und ausgebaut werden können.*

Wird den Mitarbeitern bewusst, was bereits gut läuft, und identifizieren sie sich damit, so ist es möglich, diese „Best Practices" zu analysieren und konsequent anzuwenden. So sind dann letztendlich neue Erfolge möglich.

Die Erfahrung, dass es Menschen mehr Freude bereitet, sich mit positiven Ergebnissen und Stärken auseinanderzusetzen, und dass sie sich meist gern mit diesen identifizieren, schafft eine sehr attraktive Ausgangsbasis für den AI-Prozess. Es gilt dann, Wege zu finden, die systematisch an diese attraktive Basis anknüpfen, und so das Fundament für einen Veränderungsprozess zu schaffen, der von allen Betroffenen getragen wird.

> *If, spurred on as a result of the interview, the employee questioned now for the first time seriously contemplates the topic of quality and its significance for the company and also for himself and his job, he is likely to also develop a new, increased quality awareness that will influence his behaviour in the future. To this extent, a question is indeed an intervention.*

8.3 Appreciative Inquiry

8.3.1 Philosophy and Fundamental Assumptions of the Appreciative Inquiry

(The following passages are based on zur Bonsen and Maleh, 2001.)
Appreciative Inquiry (AI) means "research and development that values its research subjects". In a stricter sense, it is an instrument for organisational development, while in the broader sense it is in fact more like a philosophy. Its focus is the basic attitude with which we observe or do something and the question as to how this basic attitude affects what we do. "AI" was developed in the USA in the mid-1980s by David Cooperrider and Suresh Srivastva.

The central point of this method consists primarily of its approach which is future- and solution-oriented: In classic problem-solving processes, the focus of the work is on a problem that is accompanied by a mistake, weakness or deficit that must be eliminated. In contrast, "AI" focuses on the present strengths and their expansion.

> *Appreciative Inquiry therefore has its basis in the assumption that every organisation already has excellent aspects to display and therefore potentials that can be utilised and extended.*

If the employees are conscious of what already works well and identify with this, then it is possible to analyse these "Best Practices" and to apply them consistently. This ultimately makes new successes possible.

The experience of people finding enjoyment in dealing with positive results and strengths and generally being quite happy to identify with them creates a very appealing starting point for the "AI" process. The object is then to find ways of systematically linking into this attractive basis and thus creating the foundation for a process of change that is supported by all those affected.

Einsatz von Interviews in Change-Prozessen

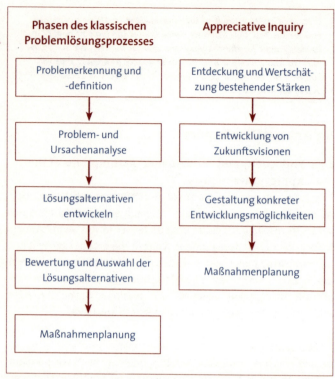

Abb. 5: Appreciative Inquiry verglichen mit dem klassischen Problemlösungsprozess

Zusammenfassung: Grundannahmen der AI
- Es gibt immer irgendetwas, das bereits gut funktioniert. Aufgrund starker Problemorientierung wird dies aber nicht immer sofort sichtbar.
- Das, worauf wir uns konzentrieren, wird unsere Realität. Diese wird stark durch unsere inneren Bilder beeinflusst.
- Den Weg in die ungewisse Zukunft zu beschreiten, fällt leichter, wenn man auf erfolgreichen Erfahrungen aufbaut.
- Sich mit Stärken zu beschäftigen macht mehr Spaß, gibt mehr Mut und schafft mehr Motivation, als Probleme zu wälzen. Außerdem wirken Erfolge nachhaltiger.
- Jeder Mensch möchte, dass sein Tun Sinn und Bedeutung hat; jeder möchte einen Beitrag leisten.

Wie können diese Grundannahmen nun in einem Interview umgesetzt werden?

Using Interviews in Change Processes

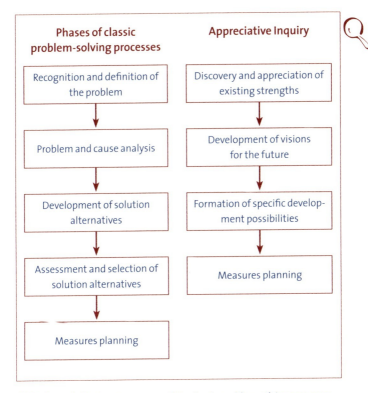

Ill. 5: Appreciative inquiry compared to classic problem-solving processes

Summary: Basic assumptions of "AI"
- There is always something that already works well. However, because of a strong focus on problems, this is not always immediately apparent.
- What we concentrate on becomes our reality. This is heavily influenced by our internal images and impressions.
- It is easier to approach the uncertain future when one can build on successful experiences.
- It is more enjoyable, more encouraging and more motivating to address strengths than problems. Aside from this, successes have a more sustainable effect.
- Every person wants what they do to have a point and be meaningful; everyone wants to make a contribution.

How can these basic assumptions now be applied to an interview?

8.3.2 Ablauf des AI-Prozesses

Der AI-Prozess beginnt mit der Erstellung eines Interviewleitfadens. In der Regel wird das im Vorfeld der AI-Konferenz von einer Planungsgruppe erledigt, die sich aus externen Beratern und einem repräsentativen Querschnitt der Konferenzteilnehmer zusammensetzt. Da alle AI-Interviews nach demselben Muster ablaufen, besteht der Interviewleitfaden immer aus den gleichen drei Frageblöcken (vgl. M. zur Bonsen, 2002):

1. Standardfragen zur Wahrnehmung der Organisation

- „Um zu beginnen, erzählen Sie mir bitte von Ihrer Anfangszeit in unserer Organisation:
  - *Wann kamen Sie zu uns?*
  - *Was hat Sie zu uns hingezogen?*
  - *Was waren Ihre ersten Eindrücke und was hat Sie am Anfang begeistert, als Sie zu uns kamen?"*
- *„Bitte erinnern Sie sich an einen Zeitraum, der für Sie ein echter Höhepunkt war, an eine Zeit, in der Sie besonders begeistert waren, sich wohl und lebendig fühlten, in der Sie sich vielleicht besonders gut einbringen und etwas in unserer Organisation bewirken konnten:*
  - *Was ist da geschehen? Wer war dabei? Was ermöglichte dieses Erlebnis?*
  - *Was können wir daraus lernen?*
  - *Was schätzen Sie besonders an sich, an Ihrer Arbeit und an unserer Organisation?"*

2. Fragen zu den Kernthemen der geplanten AI-Konferenz

Die Fragen zu den Kernthemen der geplanten AI-Konferenz müssen von der Planungsgruppe jeweils neu entwickelt werden. Dabei handelt es sich vor allem um Fragen, die sich auf die Richtung beziehen, in die sich die Organisation entwickeln will, bzw. auf Fähigkeiten, die sie stärken will, z.B. „herausragende Kommunikation":

„Erinnern Sie sich bitte an eine Situation, in der Sie im Unternehmen eine besonders offene und glaubwürdige Kommunikation erlebt haben:
- *Was ist genau geschehen?*
- *Wie haben Sie und andere die Wirkung dieser Kommunikation erlebt?*
- *Was können wir künftig noch besser machen, damit Informationen vollständig und an alle Mitarbeiter gelangen?*
- *Welche zusätzlichen Maßnahmen können die Glaubwürdigkeit des Managements und die Vertrauensbasis zwischen Mitarbeitern und Management verbessern?"*

8.3.2 Sequence of the "AI" Process

The "AI" process begins with the preparation of interview guidelines. As a rule, this is conducted in advance of the "AI" conference by a planning group consisting of external advisors and a representative cross-section of the conference participants. Since all "AI" interviews run according to the same pattern, the interview guidelines also consist of the same three question blocks (cf. M. zur Bonsen, 2002):

1. Standard Questions on the Perception of the Organisation

- *"To start with, please tell me about your early days in our organisation:*
  - *When did you come to us?*
  - *What attracted you to us?*
  - *What were your first impressions and what were you enthusiastic about when you first joined us?"*
- *"Please look back to a time that was a genuine highlight for you; a time in which you were especially enthusiastic, comfortable and vitalised, in which you were perhaps able to involve yourself particularly well and accomplish something in our organisation:*
  - *What happened at that time? Who else was there? What made this experience possible?*
  - *What can you learn from that?*
  - *What do you hold in particularly high regard about yourself, your work and our organisation?"*

2. The Questions on the Core Topics of the Planned "AI" Conference

... must be newly developed by the planning group each time. These consist above all of questions related to the direction in which the organisation wants to develop or to capabilities that it wants to reinforce, for example, "excellent communication":

"Please think back to a situation in which you experienced communication that was especially open and trustworthy:
- *What happened exactly?*
- *What was your experience and that of other persons in regard to the effect of this communication?*
- *What can we do better in the future to ensure that information is provided in its entirety to all employees?*
- *What additional measures can improve the trustworthiness of management and the mutual trust between employees and management?"*

3. Fragen zur Zukunft der Organisation

Diese Fragen können ebenfalls weitestgehend standardisiert werden:

- „Welches sind Ihrer Meinung nach die Schlüsselfaktoren, die unserer Organisation Vitalität und Kraft geben?"
- „Wenn Sie unsere Organisation, wie immer Sie wollten, weiterentwickeln oder radikal verändern könnten, welche drei Dinge würden Sie tun, um unsere Vitalität, Kraft und unseren Erfolg nachhaltig zu steigern?"
- „Stellen Sie sich vor, wir schreiben das Jahr 2010 und wir sind über unsere kühnsten Träume hinaus erfolgreich geworden: Wie hat sich unsere Organisation verändert?"

Im weiteren Verlauf interviewen sich die Teilnehmer einer AI-Konferenz gegenseitig mithilfe des zuvor erstellten Interviewleitfadens. Anschließend erarbeiten sie in zwei aufeinanderfolgenden Phasen nach und nach zuerst präzise, positiv formulierte und erreichbare Ziele und schließlich konkrete Maßnahmen – und zwar auf der Grundlage der gewonnenen Eindrücke über Stärken und Potenziale der Organisation und der Zukunftsvisionen für die Organisation. Dieser so genannte 4-D-Prozess (Discovery, Dream, Design, Destiny; vgl. Abb. 6) findet in der Regel in Kleingruppen statt.

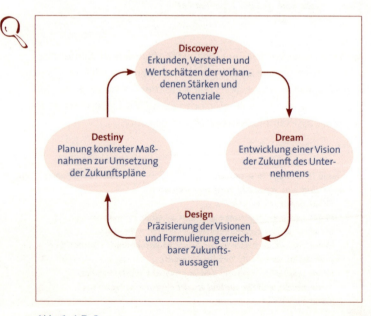

Abb. 6: 4-D-Prozess

3. Questions on the Future of the Organisation

These questions can also be extensively standardised:

- *"In your opinion, what are the key factors that give our organisation vitality and strength?"*
- *"If you could radically change or develop our organisation further in any way you wanted, what three things would you do to increase our vitality, strength and success in a sustainable manner?"*
- *"Imagine it's the year 2010 and we have become more successful than we ever dared dream: How will our organisation have changed?"*

In the further course of the events, the participants of an "AI" conference interview one another with the help of the previously prepared interview guidelines. In conclusion and in two successive phases, they gradually work out initially precise, positively formulated and attainable objectives, then finally graduating up to specific measures, all on the basis of the impressions obtained about the strengths and the potentials of the organisation along with the visions for the organisation's future. This so-called 4-D process (Discovery, Dream, Design, Destiny; cf. Ill. 6) generally takes place in small groups.

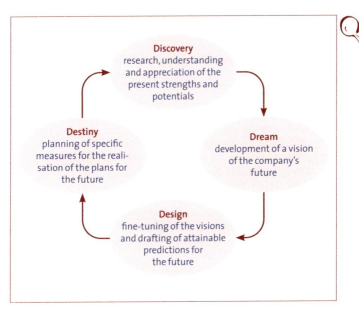

Ill. 6: 4-D process

Im Mittelpunkt des AI-Prozesses steht das Interview, das in diesem Zusammenhang sehr offen gestaltet werden kann. Diese Art, Interviews zu führen, lässt sich auch auf viele andere Situationen übertragen – beispielsweise können Sie sich als Führungskraft diese Haltung und Vorgehensweise auch in Personalgesprächen zu eigen machen. Folgende Interviewregeln können Ihnen dabei helfen:

- Lassen Sie Ihren Partner seine Geschichte erzählen. Schenken Sie ihm dabei Ihre volle Aufmerksamkeit, hören Sie aktiv zu und fragen Sie vorsichtig nach. Versuchen Sie, durch Ihre Nachfragen nicht den Erzählfluss zu stören.
- Seien Sie offen und neugierig auf die Erfahrungen, Ideen und Gefühle des anderen. In vielen Zitaten oder Geschichten kommen diese besonders gut zum Ausdruck.
- Machen Sie sich klare und deutliche Notizen. Achten Sie dabei auf gute Zitate dessen, was Ihr Interviewpartner sagt.
- Lassen Sie Ihrem Gesprächspartner Zeit für seine Erzählungen und, um über Ihre Fragen nachzudenken.
- Ihr Gesprächspartner hat die Freiheit zu erzählen, was und wie viel er möchte. Er hat also auch das Recht, Fragen nicht zu beantworten.
- Achten Sie darauf, offene Fragen zu stellen.
- Bewerten Sie die Erzählungen Ihres Gesprächspartners weder verbal noch nonverbal. Versuchen Sie ihn stattdessen lieber zum Weiterreden zu motivieren. Schaffen Sie dazu ein freundliches Gesprächsklima.

Formulierungsbeispiele für zusätzliche Fragen und Aufforderungen

- *„Erzählen Sie mir bitte mehr."*
- *„Was war so wichtig für Sie?"*
- *„Wie wirkte das auf Sie?"*
- *„Wie haben Sie sich dabei gefühlt?"*
- *„Was, glauben Sie, hat bewirkt, dass es so besonders war?"*
- *„Warum empfinden Sie das so?"*
- *„Was war Ihr Beitrag?"*
- *„Wie hat Sie das Ereignis verändert?"*
- *„Warum war diese Erfahrung so wichtig für Sie?"*
- *„Welche Faktoren haben dazu beigetragen?"*

8.3.3 Anwendungsmöglichkeiten und Bewertung

Appreciative Inquiry ist ein sehr flexibles Instrument, das zu ganz verschiedenen Anlässen und im Rahmen vieler unterschiedlicher Change-Prozesse zum Einsatz kommen kann. Auch weil es sich so

Using Interviews in Change Processes

The central point of the "AI" process is the interview, which can be designed very openly in this connection. This manner of conducting interviews can also be applied to a large variety of other situations – for example, as a manager, you can also adopt this attitude and method in personnel discussions. The following interview rules can help you with this:

- Allow your discussion partner to tell their story. Give them your full attention, listen actively and ask your questions tactfully. Try not to let your questioning disrupt the interviewee's flow of speech.
- Be curious and open to the experiences, ideas and feelings of the other person. This can be expressed particularly well in several quotes or stories.
- Make clear, understandable notes. Pay particular attention to good quotes made by your interview partner.
- Give your discussion partner plenty of time to say what they want and to think about your questions.
- Your discussion partner has the freedom to say what they want to say and as much as they want to say, as well as the right to choose not to answer questions.
- Make sure you ask open questions.
- Do not judge what your discussion partner tells you, either verbally or non-verbally. Instead, try to motivate them to continue speaking and create a friendly discussion atmosphere.

Drafting examples for additional questions and requests

- *"Please tell me more!"*
- *"What was so important for you?"*
- *"What effect did that have on you?"*
- *"How did it make you feel?"*
- *"What do you think made it so special?"*
- *"Why do you feel that way?"*
- *"What did you say?"*
- *"How did that event change you?"*
- *"Why was this experience so important for you?"*
- *"What factors contributed to that?"*

8.3.3 Application Possibilities and Assessment

Appreciative inquiry is a very flexible instrument that can be applied to many different circumstances and within the context of many different change processes. As it can be so flexibly combined

flexibel mit anderen Methoden und Arbeitstechniken, z.B. Großgruppenmethoden, verbinden lässt, ist ein breiter Einsatz von AI möglich.

Geeignete Einsatzfelder für AI

- Firmenübernahmen oder -fusionen
- Prozessdesign
- Einführung neuer Managementinstrumente
- Verbesserung der unternehmensweiten Kommunikation,
- Planung einer neuen Strategie
- Weiterentwicklung der Corporate Identity
- Veränderung der Unternehmenskultur und der damit verbundenen Werte
- Verbesserung der Zusammenarbeit innerhalb von und zwischen Teams
- Planung der Erschließung neuer Geschäftsfelder oder neuer Märkte

Neben vielen unterschiedlichen themenbezogenen Einsatzmöglichkeiten fügt sich AI auch methodisch gut in einen Change-Prozess ein. Es bietet die Möglichkeit, viele Mitarbeiter zu beteiligen – weit mehr, als bei den meisten anderen Interviewtypen erreicht werden können. Der Change-Prozess steht damit auf einer breiteren Basis.

Da die Mitarbeiter im Rahmen des AI-Zyklus nicht nur interviewen und interviewt werden, sondern in verschiedenen Gesprächsrunden auch an der Maßnahmenplanung beteiligt sind, wird der Change-Prozess mit hoher Wahrscheinlichkeit auf große Akzeptanz stoßen.

Kritisch darf angemerkt werden, dass durch die Orientierung an Stärken einige Ansatzpunke für Verbesserungen ausgeklammert werden, die auf aktuellen Defiziten oder Schwächen beruhen. Die Sichtweise beim AI ist grundsätzlich einseitig. Wenn Sie den Einsatz von AI planen, sollten Sie Folgendes erwägen:

- Einerseits können zwar mithilfe des AI-Zyklus in kurzer Zeit sehr viele Interviews geführt und entsprechend viele Informationen und Sichtweisen gesammelt und ausgewertet werden.
- Andererseits ist AI aber eine sehr aufwändige Methode.
- Zudem gibt es Unternehmenssituationen, in denen der AI-Ansatz nicht angewendet werden kann; z.B. wenn ein Unternehmen vor radikalen Einschnitten steht.

with other methods and work techniques, e.g. specific methods for large groups, "AI" can be used in many different situations, for example:

> **Suitable application areas for AI**
>
> - Company takeovers or mergers
> - Process design
> - The introduction of new management instruments
> - Improvement of communication throughout the company
> - Planning of a new strategy
> - Further development of the corporate identity
> - Change in the corporate culture and its affiliated values
> - Improvement of collaboration within and between teams
> - Plans for opening up new business segments or markets

Along with many different application possibilities in a large variety of topic-related fields, "AI" can also be well-integrated methodically into a change process. It offers the opportunity of involving many employees, far more than can be attained with most of the other types of interviews. Thus, it sets the change process upon a broader basis.

> *Since employees are not limited solely to conducting interviews and being interviewed within the framework of the "AI" cycle, but instead also participate in measures planning in different discussions rounds, the change process in question is very likely to be greeted with a high degree of acceptance.*

One point of criticism is, however, that the orientation on strengths rules out some approaches for improvements based on current deficits or weaknesses. The point of view in "AI" is fundamentally one-sided. If you are planning on implementing "AI", you should consider the following points:
- On the one hand, a great many interviews can be conducted in a short period of time with the help of the "AI" cycle, enabling much information and many viewpoints to be collected and evaluated.
- On the other hand, "AI" is a method requiring a great deal of effort.
- Furthermore, there are some company situations to which the "AI" approach cannot be applied; for example, if a company is facing radical changes.

Appreciative Inquiry stellt als Interviewphilosophie einen Gewinn dar – selbst wenn es nicht als durchgängige Methode verwendet wird: Mithilfe der Fragetechnik und der Interviewregeln können einige Phasen in Personalgesprächen sehr motivierend und mitarbeiterorientiert gestaltet werden.

> *Die AI-Interviewtechnik eignet sich hervorragend dazu, die Stärken und Potenziale von Mitarbeitern zu erkunden.*

Gemeinsam mit dem Mitarbeiter kann die Führungskraft so eine Zukunftsvorstellung entwickeln, die in konkrete Ziel- oder Laufbahn- und Entwicklungsplanungen überführt werden kann. Auch in Feedback- oder Beurteilungsgesprächen können Gesprächsphasen nach dem AI-Muster gestaltet werden, um Erfolge herauszuarbeiten, Lob auszusprechen und den Mitarbeiter zu motivieren.

8.4 Qualitative Interviews

Ziel eines qualitativen Interviews ist es, einen möglichst unverfälschten, subjektnahen Einblick in die Wahrnehmung, die Sichtweise des Befragten zu gewinnen und auch beim Interviewten selbst einen Denk- und Erkenntnisprozess auszulösen. Es dient also nicht dazu, im Vorfeld aufgestellte Hypothesen zu überprüfen oder zielgerichtet ganz bestimmte Daten zu sammeln, die der Interviewer zuvor als die relevanten identifiziert hat – ganz im Gegenteil:

> *Da die Perspektive des Befragten im Mittelpunkt des Interesses steht, stellt sich erst im Laufe des qualitativen Interviews heraus, welches die relevanten Daten sind.*

Um all das zu erreichen, gibt der Interviewer keine festen Kategorien oder Strukturen vor, sondern formuliert ausschließlich grobe, offene Leitfragen, die dem Interviewten Impulse für eine freie Erzählung geben. Der Befragte artikuliert seine Sichtweise folglich explizit und frei – und befördert so einen beidseitigen Erkenntnisgewinn. Durch Leitfragen kann der Interviewer an die Erzählungen des Befragten anknüpfen und das Gesagte dann auf konkrete Probleme beziehen.

8.4.1 Grundprinzipien und Methodik

Qualitative Interviews unterscheiden sich in vielerlei Hinsicht von den klassischen (quantitativen) Interviews, wie wir sie aus Vorstellungsgesprächen oder aus vielen Marktforschungsstudien kennen.

Appreciative inquiry represents an asset as an interview philosophy – even if it is not applied comprehensively: Using questioning techniques and applying the interview rules, a number of personnel discussion phases can be arranged in a manner that is highly motivating and employee-oriented.

> *The "AI" interview technique is excellently suited for exploring the strengths and potentials of employees.*

In this way, together with the employees, the manager can develop a concept for the future that can be transferred to specific objectives or career and development planning. Discussion phases in feedback or assessment discussions can also be designed according to the "AI" pattern to shed light on successes, express praise and motivate employees.

8.4 Qualitative Interviews

The aim of qualitative interviews is to gain the most undiluted, genuine insight into the perception and perspective of the interviewees, and also to activate a thinking and realisation process in them. It is therefore not intended to examine hypotheses that have previously been compiled, nor is it aimed at collecting specific data that the interviewer has previously identified as relevant – on the contrary:

> *Since the focus of interest is on the perspective of the interviewee, the data that are relevant only become apparent during the course of the qualitative interview.*

To achieve all this, the interviewer does not prescribe any fixed categories or structures, but instead poses only roughly formulated, open central-issue questions that prompt the interviewee to speak freely. The interviewee accordingly articulates their viewpoint explicitly and freely, thereby promoting information acquisition for both parties. Central questions allow the interviewer to tie in with the narrative of the interviewee and to then relate what has been said to specific problems.

8.4.1 Basic Principles and Methodology

Qualitative interviews differ in many ways from classic (quantitative) interviews as we know them from job interviews or any number of market research studies. Above all, the objective of the inter-

So ist vor allem die Zielvorstellung des Interviewers bei qualitativen Interviews etwas anders gelagert: Neben der Ermittlung von Informationen geht es darum, beim Interviewten auch einen Erkenntnisprozess und am besten sogar eine Bewusstseinsveränderung in Gang zu setzen.

> *Qualitative Interviews dienen also nicht nur der Diagnose, sondern sind auch schon eine Intervention.*

Insbesondere bei organisatorischen Change-Prozessen kommt es nicht nur darauf an, Akzeptanz zu schaffen, indem das Wissen und die Ideen der Befragten in das neue Konzept einfließen, sondern auch darauf, die Mitarbeiter für dieses neue Konzept zu motivieren, indem sie angeregt werden, sich mit der Materie auseinanderzusetzen, neue Einsichten gewinnen und überzeugt werden.

Dementsprechend können qualitative Interviews nicht standardisiert werden. Ein Leitfadeninterview schränkt die Flexibilität, mit der man bei einem qualitativen Interview auf den Befragten eingehen sollte, oft zu stark ein. Eine schriftliche Befragung verbietet sich in diesem Kontext ebenfalls. Auch telefonisch ist ein qualitatives Interview nur schwer durchführbar.

Um von seinem Gesprächspartner akzeptiert zu werden und eine vertrauensvolle Atmosphäre schaffen zu können, in der sich dieser Gesprächspartner neuen Anregungen und Ideen öffnet, ist ein weicher Interviewstil unbedingt notwendig. Durch sympathisierendes Verständnis für den Befragten und seine Situation können manchmal auf dessen Seite mangelnde Bereitschaft zur Mitarbeit und Widerstände abgebaut werden.

Selbst eine neutrale Haltung des Interviewers, wie sie im Kontext der Datenerhebung zu Recht gefordert wird, um Effekte sozialer Erwünschtheit zu minimieren, ist für qualitative Interviewführung problematisch, da unpersönlich-sachliches Auftreten des Interviewers und die Wahrung sozialer Distanz nicht die notwendige Atmosphäre schaffen können.

Dass qualitative Interviews hauptsächlich auf offenen Fragen (vgl. Kap. 4.2.2) basieren, lässt sich anhand der bisherigen Ausführungen leicht nachvollziehen. Nur durch offene Fragestellungen, die Raum lassen, ist es möglich, dem Interviewten anzuzeigen, dass man wirklich an ihm und seinen Aussagen interessiert ist.

> *Der Interviewer sollte versuchen, das Interview wie ein Alltagsgespräch zu führen.*

viewer in qualitative interviews is somewhat different: in addition to obtaining information, the intention regarding the person being interviewed is also to prompt a realisation process and, ideally, even a change in outlook.

> *As such, qualitative interviews serve not only in diagnosis, but also represent an intervention.*

With organisational change processes in particular, the main issue is not to create acceptance in that the knowledge and ideas of the interviewees flow into the new concept, but also to motivate employees in the interest of the new concept by stimulating them to go through the new material, acquire new viewpoints and become convinced.

Therefore, qualitative interviews cannot be standardised. A guideline-directed interview often too heavily restricts the flexibility with which the interviewer is to respond to the interviewee. A written set of questions is equally unsuitable in this context, and additionally it is very difficult to conduct a qualitative interview by telephone.

In order to be accepted by the interviewee and to be able to create a trusting atmosphere in which he or she is open for new stimulations and ideas, a softer interview style is absolutely necessary. With sympathetic understanding for the interviewee's situation and person, it is sometimes possible to chip away at resistance and unwillingness on their part to cooperate.

Even adopting a neutral interviewer stance designed to reduce the effects of social acceptability, as is justifiably required in the context of data registration, is problematic for conducting qualitative interviews, since an impersonal, clinical posture on the part of the interviewer and the maintenance of social distance are incapable of creating the necessary atmosphere.

In light of all this, it is easily understandable that qualitative interviews are based primarily on open questions (cf. Chapter 4.2.2). Only through the space allowed with open questions will it be possible to demonstrate that the interest in the interviewee and what they have to say is genuine.

> *The interviewer should try to conduct the interview like an everyday conversation*

Ebenso gilt für den Interviewer das Prinzip der Zurückhaltung, sodass der Befragte ausreichend zu Wort kommt und nicht nur reiner Datenlieferant ist, sondern als Subjekt das Gespräch mitbestimmt. Es stehen also nicht alleine die Interessen des Interviewers im Mittelpunkt, sondern es ist der Befragte, der mit seiner Sicht der Wirklichkeit das Interview gestalten kann. Dadurch sind andere Einsichten aufseiten des Interviewers möglich als bei einem stark vorstrukturierten Gespräch.

Weitere Prinzipien sind die der Kommunikativität und Offenheit (vgl. Lamnek, 2005), die besagen, dass sich der Fragende dem Kommunikationsstil des Befragten anpassen und auf unerwartete Gesprächsbeiträge eingehen sollte. Dazu gehört auch, dass der Interviewer individuelle Bedürfnisse des Befragten in der Gesprächsgestaltung berücksichtigt. Bei dieser offenen Form der Gesprächsführung werden sich neue Erkenntnisse bei beiden Gesprächspartnern vielfach erst schrittweise im Verlauf des Interviews entwickeln. Diese „anregend-passive", geradezu freundschaftliche Gesprächsatmosphäre erfordert eine sehr viel höhere Gesprächs- und Fragekompetenz als das Abarbeiten eines weitgehend standardisierten Fragebogens mit geschlossenen Fragen.

> *Ziel des Interviewers ist es, durch sein ermutigendes Verhalten den Interviewten zu ausführlichen Erzählungen aus seiner Wirklichkeit zu motivieren.*

Auch aufseiten des Interviewten ist ein gutes Verbalisierungs- und Artikulationsvermögen notwendig, damit das Gespräch mehr ist als reiner Small Talk. Ebenso notwendig ist es, dem Interviewten absolute Vertraulichkeit zuzusichern. Dies alles macht klar, dass bei qualitativen Interviews hohe „Fallzahlen" fast ausgeschlossen sind: Es geht nicht darum, möglichst viele Interviews zu führen, um ein möglichst repräsentatives Bild der Situation zu bekommen, sondern darum, eine begrenzte Zahl möglichst ergiebiger Interviews zu führen.

> *Ziel ist, ganz bestimmte Einzelfälle sehr genau zu analysieren, um ein neues Bild der Situation zu erhalten.*

Dementsprechend ist die Auswahl der zu Interviewenden von besonderer Wichtigkeit. Sie sollten nicht ausschließlich die Gesprächspartner auswählen, die mit hoher Wahrscheinlichkeit Ihre eigene Sicht der Dinge stützen. So würde das Interview keinen Erkenntnisprozess anstoßen.

... and additionally should show enough restraint for the interviewee to have sufficient opportunity to speak, not just as a conveyor of information, but rather as the subject who is an equal partner in the discussion. It is therefore not solely the interests of the interviewer that are the focus, but instead the interviewee who can fashion the reality of the interview with their views. This allows for the interviewer to gain insights other than those that are possible in a heavily pre-structured discussion.

Other principles that apply are those of communicativeness and openness (cf. Lamnek, 2005), which dictate that the questioner should adapt to the communication style of the interviewee and pick up on unanticipated contributions to the discussion. This also means that the interviewer gives consideration to the individual needs of the interviewee in the arrangement of the discussion. In this open form of directing a discussion, new realisations for both partners often come about gradually in the course of the interview. This "stimulating-passive", practically friendly discussion atmosphere requires a much greater discussion and questioning competence than simply working through an essentially standardised, closed-question questionnaire.

> *The aim of the interviewer is to maintain an encouraging posture so as to motivate the interviewee to speak freely and extensively from personal experience.*

The interviewee also needs good verbalisation and articulation skills to elevate the discussion above the level of mere small talk. It is also necessary to ensure the interviewee of absolute confidentiality. All of this clearly illustrates that qualitative interviews practically rule out a high level of "case numbers": The point is not to conduct the greatest possible number of interviews to obtain the most representative view of the situation, but rather to conduct a limited number of the most fruitful possible interviews.

> *The objective is the very precise analysis of very specific individual cases in order to obtain a new perspective on the situation.*

So the choice of the interviewees is particularly important. You should not pick only those discussion partners who are highly likely to see things as you do, since such interviews would not give any impetus for a process of acquiring new realisations.

8.4.2 Ablauf

Es gibt verschiedene Formen qualitativer Interviews, von denen sich das problemzentrierte Interview nach Witzel (1982) am besten für die Anwendung im Unternehmenskontext, also außerhalb der wissenschaftlichen Forschung, eignet. Es lässt den Interviewten möglichst frei zu Wort kommen, ist aber dennoch auf eine bestimmte Problemstellung, die der Interviewer einführt, zentriert. Der folgende Ablaufplan orientiert sich an Mayring (2002):

Phase 1: Analyse
Das Problemfeld wird auf die zentralen Aspekte eingegrenzt und formuliert.

Phase 2: Leitfadenkonstruktion
- Die Gesprächsthemen (zentrale Problemaspekte) werden in eine sinnvolle Reihenfolge gebracht.
- Zu jedem Thema werden Formulierungsvorschläge für die Einstiegsfragen und die Erzählbeispiele gemacht. Ein Erzählbeispiel kann beispielsweise eine positive oder negative Begebenheit sein, die im Zusammenhang mit dem Interviewthema steht. Sie soll dem Befragten zum einen eine Vorstellung davon vermitteln, worum es in dem Interview geht, und sie soll ihn zum anderen dazu anregen, von eigenen, ähnlich gelagerten Erfahrungen zu berichten.
- Idealerweise sollte der Leitfaden vor seinem Einsatz in einer Pilotphase getestet und evtl. überarbeitet werden.

Beispiel für die Entwicklung eines Erzählbeispiels

Im Rahmen eines Projektes, bei dem es um die Einführung von teilautonomen Arbeitsgruppen mit Cost-Center-Struktur geht, entschließt sich das Projektteam, qualitative Interviews mit einigen der betroffenen Mitarbeiter zu führen, um die Beschäftigung mit dem Thema anzuregen, Umsetzungsvorschläge zu gewinnen und mögliche Vorbehalte der Mitarbeiter kennen zu lernen. Das Projektteam befürchtet, dass zentrale Probleme die Angst vor Arbeitsplatzverlust, der höhere Verantwortungsdruck und die Angst vor Konflikten und Mobbing sind.

Das Interview soll mit dem Thema Konfliktangst begonnen werden. Dazu wird auf der Grundlage von Erfahrungen aus einem anderen Werk des Unternehmens ein Erzählbeispiel in Form einer anschaulichen Geschichte konstruiert, in der die anfänglichen Schwierigkeiten und Reibereien zwischen den Mitarbeitern geschildert werden und die dann entstandene verbesserte Zusammenarbeit, nachdem ein

8.4.2 Course of the Interview

There are different forms of qualitative interviews, of which the problem-centred interview as described in accordance with Witzel (1982) is the most appropriate for application within the company context, that is to say outside of economic research situations. It allows the interviewee the greatest freedom to talk, but at the same time is centred on a specific problem introduced by the interviewer. The following interview agenda is oriented on Mayring (2002):

Phase 1: Analysis

The main problem areas are formulated and limited down to the central aspects.

Phase 2: Guideline construction

- The topics of discussion (central aspects of the problem) are put into a logical order.
- Suggestions are drawn up for the introductory questions and the narrative examples for each topic. A narrative example could be given in the form of a positive or negative incident related to the interview topic, for instance. This is intended on the one hand to give the interviewee an idea about the focus of the interview, and on the other to prompt him or her to report on experiences of a similar nature that they have had themselves.
- Ideally, prior to their application, the guidelines should be tested and revised if necessary in a pilot phase.

Example of the development of a narrative example

Within the context of a project in which the issue is the introduction of partially autonomous workgroups with a cost-centre structure, the project team decides to conduct qualitative interviews with some of the employees affected in order to stimulate their interest in the topic, to obtain recommendations for the implementation and to find out what reservations the employees may have, if any. The project team is concerned that the central problems may comprise fears about job losses, the increased pressure of greater responsibility and anxiety about conflicts and mobbing.

The interview is to be started on the topic of anxiety about conflicts. The experiences from one of the company's other factories provide the basis for the construction of a narrative example. This is in the form of a descriptive account in which the initial difficulties and frictions between employees are explained. This is followed by a description of the improvement in cooperation that emerged after a complicated

> komplizierter Arbeitsauftrag gemeinsam in Rekordzeit bewältigt wurde. Auf der Grundlage dieses Erzählbeispiels sollen die Befragten nun ihre eigenen Überlegungen zum Thema artikulieren.

Phase 3: Interviewdurchführung

a) Der Interviewer stellt das Thema vor und erklärt dem Interviewpartner die gewünschte Gesprächsstruktur. Vom Interviewten sind vor allem Beispiele und Erzählungen aus seiner persönlichen Erfahrung gefordert.

b) Teil 1: Sondierungsfragen
   Durch ein Erzählbeispiel oder allgemein gehaltene Einstiegsfragen stimuliert der Interviewer die „narrative Phase" des Befragten. Dieser soll eigene Beispiele erzählen, detaillieren und möglichst konkret darstellen. Durch die Vorgabe eines Erzählbeispiels wird der Gesprächspartner zu einer Reaktion motiviert; Vorbehalte gegen das Thema werden reduziert.

c) Teil 2: Leitfragen
   Um die Perspektive des Gesprächspartners verstehen zu können, sind hin und wieder aktive Eingriffe des Interviewers hilfreich: Er kann ...
   – die Ausführungen des Interviewten in eigenen Worten zusammenfassen und so von diesem kontrollieren und gegebenenfalls korrigieren lassen,
   – bei Widersprüchen Verständnisfragen stellen,
   – den Gesprächspartner mit aufgetretenen Widersprüchen konfrontieren. Diese letzte Technik kann das Gespräch allerdings leicht negativ beeinflussen und sollte dementsprechend mit Bedacht eingesetzt werden.

d) Teil 3: Ad-hoc-Fragen
   Wenn unvorhergesehene Problemaspekte auftauchen, kann der Interviewer weitere Fragen stellen, um mehr Informationen zu diesen Aspekten zu erhalten.

Phase 4: Protokoll und Auswertung

8.4.3 Anwendung und Bewertung

Das qualitative Interview ist (wenn man auch die auf intuitive Weise nach den Grundprinzipien des qualitativen Interviews geführten Gespräche berücksichtigt) ein weit verbreitetes Instrument im Change-Management. Es kann bei einer Vielzahl von Projekten, aber auch bei einzelnen Phasen eines Projektes unterschiedlich eingesetzt werden:

> order was completed in record time. On the basis of this narrative example, the interviewees should now articulate their own thoughts on the topic.

Phase 3: Conducting the interviews

a) The interviewer presents the topic and explains the desired discussion structure to the interview partner. The interviewee should above all provide examples and narratives from their own personal experience.

b) Part 1: Probing questions
   A narrative example or generalised introductory questions should be used by the interviewer to stimulate the interviewee's "narrative phase", in which the interviewee describes personal examples in detail and as specifically as possible. By providing a narrative example, the interviewee is motivated to react; reservations about the topic are reduced.

c) Part 2: Directive questions
   Occasionally, active interventions by the interviewer are helpful in gaining an understanding of the discussion partner's perspective: The interviewer can ...
   - summarise in his or her own words what the interviewee has said, thereby having the information checked for accuracy and providing the opportunity for correction by the interviewee if necessary,
   - pose understanding questions in the event of contradictions,
   - confront the discussion partner with contradicting statements. However, this technique can have a somewhat negative influence on the discussion and should be considered carefully before being applied.

d) Part 3: Ad-hoc questions
   If unforeseen problem aspects emerge, the interviewer can ask additional questions to obtain more information about these aspects.

Phase 4: Written record and evaluation

8.4.3 Application and Assessment

The qualitative interview is a widely used instrument in "change management" (when one also considers discussions conducted intuitively in accordance with the basic principles of the qualitative interview). It can be applied in different ways in a variety of projects, as well as in individual project phases:

- In der Analyse- und Planungsphase eines Change-Projektes kann ein qualitatives Interview dazu dienen, die wichtigsten Problemfelder ausführlich kennen zu lernen, Hypothesen zu formulieren und verschiedene Perspektiven der Betroffenen zu einem Gesamtbild zusammenzufügen. Das qualitative Interview unterstützt die Exploration und Datensammlung und die Konzeptentwicklung.
- Mithilfe von qualitativen Interviews können bestehende Konzepte oder Ideen in Bezug auf die betroffenen Personengruppen (z.B. Kunden, Mitarbeiter verschiedener Bereiche, Management verschiedener Ebenen) überprüft werden. So eingesetzt dienen qualitative Interviews der Überprüfung und Weiterentwicklung eines Lösungsansatzes.
- Qualitative Interviews können ebenfalls eingesetzt werden, um Ergebnisse aus quantitativen Untersuchungen, z.B. aus Fragebögen, zu klären: Warum sind bestimmte Ergebnisse aufgetreten? Wie sind die Antworten zu verstehen? Woran machen die Betroffenen ihre Aussagen fest? Vor allem bei unerwarteten Ergebnissen kann das Interview Anhaltspunkte dafür liefern, warum nicht die erwarteten Auswirkungen aufgetreten sind.
- Schließlich können qualitative Interviews auch sehr gut in der Evaluation der durchgeführten Change-Maßnahmen eingesetzt werden. Man erhält so ein sehr viel differenzierteres Feedback als bei einer Fragebogenuntersuchung, die Durchschnittswerte und Abweichungen sichtbar werden lässt, letztlich aber keine konkreten Hinweise auf Fehler, Verbesserungspotenziale oder „Best Practices" enthält. Qualitative Interviews ermöglichen hierdurch also bessere organisationale Lernprozesse.

Vorteile qualitativer Interviews sind:
- Die spezifische Gestaltung der Interviewsituation erhöht die Motivation der Teilnehmer.
- Der Fokus des Gesprächs wird vom Teilnehmer selbst bestimmt, dadurch liegt er vor allem auf den für den Teilnehmer relevanten Sachverhalten.
- Da die Teilnehmer keinerlei Vorgaben bezüglich ihrer Antworten haben, erhält man mit großer Wahrscheinlichkeit vollständigere und weniger gefilterte Informationen.
- Der Interviewer hat die Flexibilität, Hintergründe zu erfragen und Unklarheiten zu beseitigen.
- Die Offenheit des Vorgehens ermöglicht es, neue, bisher unbekannte Sachverhalte zu entdecken.

- In the analysis and planning phase of a change project, a qualitative interview can help in getting to know the main problem areas in depth, in formulating hypotheses and in compiling the varying perspectives of the persons affected into an overall picture. Qualitative interviews support the exploration phase, the collection of information and the development of concepts.
- Qualitative interviews can help in inspecting existing concepts or ideas in relation to the groups of persons affected by them (e.g. customers, employees from different departments, various levels of management). Applied in this way, qualitative interviews aid in the examination and continued development of solution approaches.
- Qualitative interviews can equally be used to clarify results from quantitative analyses, for example, from questionnaires: Why did certain results emerge? How should the answers be understood? What are the affected persons basing their statements on? Particularly in the case of unexpected results, the interview can provide an informative basis as to why the anticipated effects did not appear.
- And finally, qualitative interviews are also very well-suited for application in the evaluation of change measures that have been implemented. They provide a much more highly differentiated volume of feedback than questionnaire surveys, whose contents reveal average values and discrepancies, but provide no specific references to mistakes, potential for improvement or "Best Practices". Therefore, qualitative interviews make better organisational learning processes possible.

The advantages of qualitative interviews are:
- The specific arrangement of the interview situation increases the motivation of the participants.
- The focus of the discussion is determined by the participants themselves; thus the primary emphasis is on matters that are relevant for the participants.
- Since the participants are not restricted in their answers in any way, one is more likely to obtain information that is more complete and less filtered.
- The interviewer has the flexibility to inquire about background information and clear up ambiguities.
- The openness of the procedure makes it possible to discover new, previously unknown facts.

Nachteile qualitativer Interviews sind:
- Qualitative Interviews sind zeit- und kostenintensiv.
- Die Anforderungen an die Qualifikation des Interviewers sind hoch. Die zu erwartende Qualität der Daten ist daher zu einem gewissen Teil auch vom Interviewer abhängig.
- Die Auswertung ist – verglichen mit quantitativen Methoden – schwierig.
- Die Ergebnisse sind nicht repräsentativ, da im Regelfall nur mit einer sehr kleinen Stichprobe gearbeitet wird.
- Die Ergebnisse qualitativer Interviews sind stark vom Artikulationsvermögen der Befragten abhängig.

The disadvantages of qualitative interviews are:
- Qualitative interviews require more time and expense.
- The demands placed on the interviewer's qualifications are high. This makes the quality of the anticipated data dependent to a certain degree upon the interviewer as well.
- Assessment is difficult in comparison with quantitative methods.
- The results are not representative, since as a rule one is only working with a very small random sample.
- The results of qualitative interviews are heavily dependent upon the articulation skills of the interviewee.

Stichwortverzeichnis

Alternativfrage 26, 58, 74
Angriffsfrage 62
Anknüpfungsfrage 96
Antizyklisches Verhalten 36
Antwortverhalten 36
Appreciative Inquiry (AI) 154 ff.
Aufforderungsfrage 60
Auswertungsbogen 84, 90
Autoritätsfrage 62

Balkonfrage 62 ff., 70
Bewerbungsgespräch 20, 48, 78 ff., 138
Beziehungsebene 52
Blickkontakt 40, 50, 92, 124

Change-Management 142 ff.
China 20
Columbo-Technik 30 ff.

Direkte Frage 50 ff.

Einleitungsfrage 30
Einschätzungsfrage 58 ff.
Einstiegsfrage 98 ff.
Entscheidungsfrage 54 ff.
Entwicklungs- und Laufbahngespräch 130 ff.
Ergänzungsfrage 52 ff.
Erweiterungsfrage 96
Explorative Frage 58 ff.

Fangfrage 76
Feedbackgespräch 10
Fragekategorien 50 ff.
~kette 26, 34, 42, 112
~kompetenz 46 ff.
Fragen des Bewerbers 88
Fragetechnik 18, 40 ff., 92 ff.
~typen 26, 50 ff., 92 ff.
~verhalten 36
Frankreich 48
Führungsaufgaben 10
~instrument 10

Gegenfrage 60
Geschlossene Frage 26, 54 ff., 94
Gesprächsatmosphäre 28, 84
~führung 40, 90 ff.
~pausen 92
~steuerung 8, 40 ff., 50, 90 ff., 122 ff.
~struktur 14 ff.

Hypothetische Frage 64 ff., 96 ff.

Ich-Botschaften 42, 120, 124
Indirekte Frage 50 ff.
Informationsaustausch 16
~quellen 18 ff.
Initialfrage 70
Interviewauswertung 38
~durchführung 26 ff.
~leitfaden (AI) 158
~plan 22 ff., 28, 46, 82 ff., 90, 108
~regeln 162
~vorbereitung 18 ff., 82 ff.

Ja-Fragen-Straße 76 ff.

Kommunikation 10 ff.
Kommunikationsanlässe 14 ff.
~regeln 10 ff., 120
Kontaktaufnahme 16
Kontrollfrage 60
Kooperativität 28
Körperhaltung 40, 92
Körpersprache 46
Krisenmanagement 144

Manipulative Fragetechniken 30 ff., 42, 72 ff.
Meinungsfrage 58 ff.
Metafrage 68 ff.
Mimik 40
Mitarbeitererwartungen 120
Mitarbeitergespräch 14 ff., 20, 40 ff., 48, 116 ff., 138
Motivation 116, 126
Motivationsfrage 62
Motivfrage 60

Nonverbale Signale 92
Nutzwertfrage 60

Offenbarungspflicht 104
Offene Frage 16, 26, 52 ff., 94, 168
Organisationsentwicklung 144

Paraphrasierung 58, 72, 120
Personalbeurteilung 14
~gespräch 8, 116 ff.
Planung 16 ff.
Protokollformular 26
Provokation 36 ff.
Psychologie 32 ff.

Qualitative Interviews 166 ff.

Rangierfrage 70
Redeanteile 90
Referenzfrage 60
Reflexionsfähigkeit 50
Reflexionsfrage 96
Rhetorische Frage 74 ff.

Sitzordnung 26
Skalierende Frage 64
Slowakei 138
Small Talk 16, 28, 84
Sondierungsfrage 94
Stakkatofrage 34, 72
Startfrage 28
Stellenbeschreibung 82
Steuernde Frage 70 ff.
Stimme 40
Stimulierungsfrage 62
Suggestivfrage 74

Telefoninterviewplan 114
Telefoninterviews 106 ff.
Themenzentrierte Interaktion 118
Tonfall 46
Transparenz 28, 126

Unfaire Gesprächstechniken 36 ff.
Unterbrechungen 92
Unzulässige Fragen 102 ff.

Verborgene Überzeugungen 68 ff.
Verdeckte Frage 76
Vergewisserungsfrage 56
Verhaltensorientierte Frage 98
Verneinte Frage 44, 56
Vorinformationen 18 ff.
Vorstellende Frage 70
Vorstellungsgespräch 8, 24, 40 ff., 78 ff.

Warum-Frage 44
Wertschätzung 46
Wissensfrage 58
Wunderfrage 66

Zieldefinition 122
Zielvereinbarungsgespräch 10, 126 ff.
Zirkuläre Fragen 66 ff.
Zusammenfassungen 90, 110 ff., 120
Zwischenfrage 34, 44

Index

Alternative question 27, 59, 75
Analysis form 85, 91
Answering conduct 37
Anti-cyclical behaviour 37
Appreciative Inquiry (AI) 155 et sqq.
Attacking question 63
Authority question 63

Balcony question 63 et sqq., 71
Behaviour-based question 99
Body language 47

Career development discussion 131 et sqq.
Change management 143 et sqq.
China 21
Circular question 67 et sqq.
Closed question 27, 55 et sqq., 95
Columbo technique 31 et sqq.
Communication 11 et sqq.
~ rules 11 et sqq., 121
Competence in questioning 47 et sqq.
Concealed beliefs 69 et sqq.
~ question 77
Conclusion question 73
Conducting interviews 27 et sqq.
Confirmation question 57
Control question 61
Counterquestion 61
Crisis management 145

Decision question 55 et sqq.
Development plan 141
Direct question 51 et sqq.
Directing a discussion 41 et sqq., 51, 91 et sqq., 123 et sqq.
Directive question 71 et sqq.
Discussion atmosphere 29, 85
~ structure 15 et sqq.

Employee discussion 15 et sqq., 21, 49, 41 et sqq., 117 et sqq., 139
Estimate question 59 et sqq.

Explorative question 59 et sqq.
Extension question 97
Eye contact 41, 51, 93, 125

Facial gesturing 41
Feedback discussion 11
France 49

Hypothetical question 65 et sqq., 97 et sqq.

"I" messages 43, 121, 125
Indirect question 51 et sqq.
Information exchange 17
Interruption 93
Interview assessment 39
~ guidelines (AI) 159
~ plan 23 et sqq., 29, 47, 83 et sqq., 91
~ preparation 19 et sqq., 83 et sqq.
~ rules 163
Introductory question 31, 71, 99 et sqq.

Job description 83
~ interview 9, 21, 25, 41 et sqq., 49, 79 et sqq., 139

Knowledge question 59

Linking question 97

Management instrument 11
Manipulative techniques 31 et sqq., 43, 73 et sqq.
Meta question 69 et sqq.
"Miracle" question 67
Motivation question 63
Motive question 61

Negated question 45, 57
Non-verbal signals 93

Objective definition 123
Off-limits questions 103 et sqq.
Open question 17, 27, 53 et sqq., 95, 169
Opinion question 59 et sqq.

Paraphrasing 59, 73, 121
Personnel discussion 9, 117 et sqq.
Planning 17 et sqq.
Posture 41, 93

Preliminary information 19 et sqq.
Probing question 95
Provocation 37 et sqq.
Psychology 33 et sqq.

Qualitative interviews 167 et sqq.
Question categories 51 et sqq.
~ chain 27, 35, 43, 113
~ types 27, 51 et sqq., 93 et sqq.
Questioning conduct 37
~ techniques 19, 41 et sqq., 93 et sqq.
Questions from the job applicant 89

Record form 27
Reference question 61
Reflex question 97
Relationship level 53
Rhetorical question 75 et sqq.
Routing question 71

Scaling question 65
Slovakia 139
Small talk 17, 29, 85
Sources of information 19 et sqq.
Staccato question 35, 73
Staff appraisal 15
Stimulation question 63
Suggestive question 75
Summarising 91, 111 et sqq., 121
Supplementation question 53 et sqq.

Target agreement discussion 11, 127 et sqq.
Telephone interviews 107 et sqq.
Theme-centred interaction 119
Transparency 29, 127
Trick question 77

Unfair discussion techniques 37 et sqq.
Utility value question 61

Voice 41, 47

"Why" question 45

"Yes" question series 77 et sqq.

Literaturverzeichnis/Bibliography

- Cohn, R. C.: Von der Psychoanalyse zur themenzentrierten Interaktion. Stuttgart 2004.
- Cooperrider, D. L. / Whitney, D.: Appreciative Inquiry: A Positive Revolution in Change. San Francisco 2005.
- Crisand, E. / Pitzek, A.: Das Sachgespräch als Führungsinstrument. Heidelberg 1993.
- Fisher, R. / Patton, B. M. / Ury, W. L.: Getting to Yes: Negotiating Agreement Without Giving In. Boston 1992.
- Graf-Götz, F. / Glatz, H.: Organisation gestalten. Weinheim 2003.
- Kennedy, G.: Essential Negotiation. New York 2004.
- Kießling-Sonntag, J.: Mitarbeiter-Gespräche. Berlin 2000.
- Kießling-Sonntag, J.: Zielvereinbarungsgespräche. Berlin 2006.
- Kraus, G. / Becker-Kolle, C. / Fischer, T.: Change-Management. Berlin 2004.
- Lamnek, S.: Qualitative Sozialforschung. Weinheim 2005.
- Laufer, H.: 99 Tipps für den erfolgreichen Führungsalltag. Berlin 2005.
- Leeds, D.: The 7 Powers of Questions: Secrets to Successful Communication in Life and at Work. New York 2000.
- Lucas, M.: Effiziente Bewerberauswahl durch professionelle Interviewführung. Renningen 2005.
- Mayring, P.: Einführung in die qualitative Sozialforschung. Weinheim 2002.
- Müllerschön, A.: Bewerber professionell auswählen. Weinheim 2005.
- Oppermann-Weber, U.: Mitarbeiterführung. Berlin 2002.
- Patrzek, A.: Fragekompetenz für Führungskräfte. Leonberg 2005.
- Sarges, W.: Management-Diagnostik. Göttingen 2000.
- Saul, S.: Führen durch Kommunikation. Weinheim 1999.
- Schuler, H.: Das Einstellungsinterview. Göttingen 2002.
- Stein, H. / Maier-Stahl, C. M.: Einzigartig bewerben. Weinheim 2006.
- Wahren, H.-K. E.: Zwischenmenschliche Kommunikation und Interaktion in Unternehmen. Berlin 2002.
- Weber, S.: Den besten Mitarbeiter finden. Berlin 2007.
- Witzel, A.: Verfahren der qualitativen Sozialforschung. Frankfurt 1982.
- zur Bonsen, M. / Maleh, C.: Appreciative Inquiry (AI). Weinheim 2001.
- zur Bonsen, M.: Erfolge erfragen. managerSeminare, Heft 56, Mai 2002.

Der Autor

Holger Stein ist Geschäftsführer einer Beratungs- und Trainingsagentur und arbeitet seit über zehn Jahren als Trainer, u.a. zu den Themen Mitarbeiterführung und Karriereentwicklung.

The Author

Holger Stein is managing director of a consultancy and training agency and has been working as a trainer for more than ten years, amongst others in the fields of human resources management and career development.

Überblick.
Sprachkompetenz als Klimafaktor

Wo Englisch Geschäfts- oder Verhandlungssprache ist, besteht die erste Herausforderung darin, Besprechungen sprachlich und vom Klima her optimal zu bewältigen. Mit diesem zweisprachigen Band lässt sich die entsprechende Kompetenz mit überschaubarem Aufwand erwerben.

Jochem Kießling-Sonntag
Meetings und Moderation
200 Seiten, kartoniert
ISBN 978-3-589-23904-7

Weitere Informationen zum Programm erhalten Sie im Buchhandel oder unter
www.cornelsen.de/berufskompetenz

Cornelsen Ver
14328 Ber
www.cornelsen.